東京の散歩道

kubokawa tsurujirō
窪川鶴次郎

講談社文芸文庫

目次

東京の散歩道

遷都百年（一八六八―一九六七）を記念して

第一の歩道　本郷から上野にいたる道

一　散歩のはじめに

ツエをひく、という言葉がある。これは散歩の意味をよくあらわしているように思う。辞書にはツエを手にして歩く、とか、散歩する、という説明がしてある。年寄りや足の悪い人がツエをついても、ツエをひくとはいわぬ。つまりツエを必要としないものが、無用の長物であるツエをわざわざ手にして歩くところに、散歩の意味が出ているのであろう。

正岡子規の句に

鶏頭の十四五本もありぬべし

というのがある。

ケイトウはひなびた花である。これは園芸のほうで改良された、人工的な華美なものではもちろんない。農家の広い庭さきの、たんぼや畑と地つづきになっているさかいあたりに、年々、種子がこぼれては咲く、自然そのままのものである。

たんぼや畑のなかの道を歩いていくと、ふと、そのケイトウが目にとまった。十四、五本もありぬべし、というところに、自然そのままになんの奇もなく咲いているふぜいや、おのずとその数を推定してみたくなるような、その稚拙な、おのずからなかたまりようが、端的に感じとられる。いかにもケイトウの素朴なおいたちともいうべきものが、そこにぴたりと素直にとらえられている。

なんの用事もなく、ただ歩いてみたいから歩く、ただそれだけのことではあるが、この例にみられるように、——またそれだけに人間のもっとも自然な、一切のきずなからのがれた思いのままの行ないが、どんなに内容ゆたかなものであるかが知られる。さて散歩談義はこのくらいにして、ポツポツ手近なところから、読者といっしょに趣味の文学的散歩にツエをひくこととしよう。歌人斎藤茂吉の『中村憲吉君』のなかに、こういう文章がある。

「そのころ、アララギ発行所（注・春日町—伝通院前の富坂にある旅館いろは館内にあった）の近くに、簡易な食堂もあったし、牛肉店もあった。（略）中村君は、時々、酒を飲んで楽しむようなところをそのほかにも見つけて来い来いした」

「ある時には根岸の奥の方で何とか庵という、木魚などをたたく家を見つけて来たりして、そこに赤彦君などとも数回行ったことがある」

「浅草雷門のそばの、よか楼なども中村君が行きはじめで、そこには僕等は屢々行った。大戦（注・大正三―七）のはじまったころで、そこに来つけの露西亜人などを捉えて覚束ない独逸語で会話したりなどしたことをおぼえているし、泥酔して雷門の交番の前で小便してつかまったりして赤彦君が極力僕のことをあやまってくれたりしたことがある」

　中村君が「深川不動境内に下宿したのなども、何か江戸情緒に親しむというような点もあったらしいが、それが荷風ばりでもなく、やはり何か中村流のところがあったのである。そのあたりに編集同人の連中が夜じゅう街を歩き、小石川の発行所に着いた時には夜の明けたことなどもある」（傍点筆者）

　当時信州で女学校の先生をしていた島木赤彦が、富坂の旅館「いろは館」に下宿していて、ここを発行所としていたものである。深川不動から富坂までは、円タクなら二、三十分の距離だろうが、歩けば八キロの余はたっぷりあろう。とにかく昔のひとというものは、よく歩いたものである。

「また中村君が午前二時ごろ切通坂（注・御徒町―本郷三丁目）を歩いていて、警戒網に触れたが、酔っていたので、あべこべに刑事を本富士署へ引っぱって行ったりした滑稽挿話などもあり、若かった頃には、無理もしたし、無茶でもあったが、そのかわり勉強も出来、赤彦君などは上等の茶を飲み飲みつづけて徹夜することがあったぐらいであるから、おもいだしても唯々夢のようだといっていい」

「ある頃には、いろは館に田舎から出てきたばかりの娘がいて、これはなかなかいい顔をしていた。半年も経つとその妹も雇われた。妹の方は器量もわるく、気が利かずに赤彦君などもよく揶揄ったものである。ところが或る男がその姉妹を世話するとか言って暇をとった。それからどのくらい経った頃だったろうか、その妹が吉原の通りの屋台おでんにいて、通りすがりの男に媚をふきかけているのを中村君が見つけてきて、僕等もわざわざ見に行ったことがあった」

「皆故人になってしまったが、赤彦でも千樫でも憲吉でも、かくの如き一少女の運命に感動した時代などもあるのである」

東京中どこでもおかまいなしに歩きまわったものだが「そのかわり勉強も出来」「かくの如き一少女の運命に感動した時代」にこそ、茂吉の『赤光』（大正二・一〇）や赤彦の『切火』（大正四・三）憲吉の『林泉集』（大正五・一一）など、近代を代表する歌集は生まれたのである。

散歩はやはり青春の情熱からはじまるのだろうか。

二　本郷かいわい

林芙美子らの作品

林芙美子の『放浪記』第二部に、こんな場面が出てくる。

(二月×日)

思いあまって、夜、森川町の秋声氏のお宅に行ってみた。国へ帰るのだと嘘を言って金を借りるより仕方がない。自分の原稿なんか、頼む事はあんまりはずかしい気持ちがするし、レモンを輪切りにしたような電気ストーヴが赤く愉しく燃えていて、部屋の中の暖かさは、私の心と五百里位離れている。

犀と云う雑誌の同人だと云う若い青年がはいって来た。名前を紹介されたけれども、秋声氏の声が小さかったので聞きとれなかった。

金の話も結局は駄目になって、後で這入って来た順子さんの華やかな笑い声に押されて、青年と私と秋声氏と順子さんと四人は戸外に散歩に出て行った。

「ね、先生！　おしるこでも食べましょうよ」

順子さんが夜会巻き風な髪に手をかざして、秋声氏の細い肩に凭れて歩いている。私の心は鎖につながれた犬のような感じがしないでもなかったけれど、非常に腹がすいていたし、甘いものへの私の食慾はあさましく犬の感じにまでおちこんでしまっていたのだ。誰かに甘えて、私もおしる粉を一緒に食べる人をさがしたいものだ。

四人は、燕楽軒の横の坂をおりて、梅園と云う待合のようなお汁粉屋へはいる。黒い卓子について、つまみのしその実を噛んでいると、あゝ腹いっぱいに茶づけが食べてみたいと思った（略）

これは昭和二年にはいって、さいしょの日記である。このころ彼女はカフェーの友だちと本郷の蓬萊町あたりに下宿していたが、そのときはカフェーにも出ていなかったのだろう。

すぐ次の「二月×日」の日記に
「新聞社に原稿をあずけて帰って来ると、ハガキが一枚来ていた。今夜来ると云う、あの男からの速達だった。十ちゃんも仕事を見つけに行ったのか、部屋の中は火が消えたように淋しかった。あんな男に金を貸してくれなんて言えたものではないではないか……十ちゃんに相談をしてみようかと思う……、妙に胸がさわがしくなってきた」

と書いている。彼女は秋声のところへ金策のために小説の材料を売りに来たのである。

梅園を出て本郷の通りを歩いていると、先に行く秋声と順子さんから自然に離れて、林芙美子と青年が歩いていく。青年はなるべく彼女からはなれるようにして、いちばんあとから歩いていく。

彼女の髪は、カフェーに出ていたときお正月のために結ったのが、まるでそのままみたいに、がっくりとくずれている。くたびれた人絹のめいせんのスソは、横ジワが寄ったまま、すっかりたるんでしまっている。足があがるたびに、はきつぶしたフェルトのゾウリがうっすりとチリをあげていく。ひとりの人間の、生涯のある瞬間というものは、それだけ切りはなしてみると実に不思議なものである。

お正月のすんだあとの町は、はやく店じまいして、ショーウインドーだけがまばらに明るかった。先へ行く秋声と順子さんが、電灯のついているショーウインドーをいっしょにのぞきこんでいるのが、ときどき見える。

ところで、この青年の女房もまた、カフェーに出ていた。そこはカフェーというよりも、レストランといったものらしい。ある日そこへ林芙美子が詩人仲間といっしょに現われた。そしてかたわらに立っている青年の女房に「あんた堕落しちゃだめよ」とヤブから棒に忠告したというのである。もちろんこの女房は、青年が秋声のところで彼女と会ったときのことを、青年から聞いて、彼女のことは知っていたのである。

この女給が現在の佐多稲子であり、青年は私であった。

梅園は現在銀座でやっている。菊坂通り一帯は長泉寺まで焼けてしまったが、梅園はそのまえに越したのである。

大学前通り

本郷の大学前通りは、焼けはしなかったが、強制疎開があったために、店の様子はすっかり変わってしまった。たとえば古くから赤門まえにあった松屋が、現在はくだもの屋になっている。主人は五、六年まえに六十代でなくなっている。ただ主人が世話をしたおばあさんが、裏がわの一部屋だけの家に、ひとりで暮らしているという。

松屋といえば、芥川龍之介はここの二百字詰めの原稿用紙しかつかわなかった。そのことを文章にも書いている。また多くの文学青年が、松屋の原稿用紙をつかうことで、文学青年としての自尊心といった意識を、大いに味わったものらしい。

本郷の通りで、その盛衰をいちばんみじめに語っているものは、菊坂通りへはいる左かどに建っていた燕楽軒であろう。

宇野千代の年譜によれば、大正六年（二十一歳）関西より上京、芥川龍之介、久米正雄、滝田樗蔭（中央公論編集長）等と知る。朧ろ気に文学を志すかと見ゆ。大正九年（二十四歳）九月北海道札幌に転任。

とある。この時期に宇野千代は燕楽軒で女給をしていた。ここで今東光とも結ばれたのである。芥川龍之介の『葱』は彼ら二人のことを書いたものだとつたえられている。

赤門とクスノキ

本郷三丁目から東京大学のほうへ歩いていくと、右側の大学のサクに沿ってクスノキの大木がつづいている。右がわを歩いていては気がつかないだろうが、左側の歩道から、ふと見あげると、大空のなかに新緑が思う存分に光りかがやいている。

正門から安田講堂にむかって両側の建て物のあいだをいっぱいに埋めている、大木のイチョウ並木は有名であるが、このクスノキのつやつやと光る赤味をおびた新緑の、精力的な美しさは、とても比較にはならぬ。本郷の通りは、いったいに変にくすんでいる感じがするだけに、クスノキの明るい新緑の輝きが目をひくのである。

赤門はこのクスノキの緑とまったくあざやかな対照をなしている。その塗り立ての色が、あまりになまなましすぎるが……。というのは、赤門は一昨年（三十四年）十一月ごろから解体修理にとりかかった。ほとんど全部がケヤキをつかっている。門衛さんの話では、土台はこんどヒノキにかえたそうである。今年の春、落成式をあげた。

この門は、加賀百万石の大名前田の、上屋敷の御手殿門であった。文政十年（一八二七年）徳川十一代将軍家斉の息女、溶姫のために築かれた朱塗り門で、江戸中期の大名屋敷表門の代表的なものであり、戦災で焼失した旧麹町区山下町の、薩摩装束屋敷門と双へきをなすものとつたえられている。……重要文化財に指定された。

本郷には明治の作家たちの遺跡が実に多い。なかでも徳田秋声のように、三十五歳（明治三十八年冬、一九〇五年）から七十三歳（昭和十八年十一月、一九四三年）でなくなるまで、四十年にわたって本郷に住みついた作家はない。

とくに鷗外をはじめとして、その他の作家たちの住居が、戦災その他でなくなってしまったなかで、秋声の遺跡だけが完全な形で残っている。

秋声の屋敷

秋声邸の門の左側のへいに「この建造物は文化財の指定をうけておりますので、付近でのたき火、喫煙については、特に注意して下さい」という、秋声遺跡保存会、本郷消防署の署名の立て札が立っている。以下、秋声の教えを青年時代の一時期に受けたことのある、私の語るところをつたえることにする。

——大正十五年の秋、私がはじめて秋声の知人の紹介状をもってたずねたところ、現在の家のように改築中のところであった。玄関の三畳の間の次が床の間のある八畳の部屋——これが秋声の書斎——その先が庭になっていて大工たちがそこで仕事をしているので足の踏み場もない。秋声はかんなくずや木ぎれの積もったなかに立っていた。

とりこんでいるから帰ってくれ、ともいわなかった。私も黙って大工たちの仕事をみていた。そこへこんどは近松秋江が現われた。私にはそれがすぐわかった。

秋江はステッキの先を高々とさしあげて、天井やヒサシなど、あちこちのぐあいについて、しきりに質問や意見を出している。材木をまたいだかと思うと、その材木をステッキでコツコツとやりながら値ぶみをしたり、かんなくずの山のなかに足を突っこんだり、いかにも忙しそうである。ポツリポツリ応答している秋声の声は、低くてほとんど聞きとれないくらいだ。

あくる年の二月ごろ、私はまた秋声の宅をたずねた。こんどは小説の原稿をみてもらおうと思って持っていた。すると取りつぎのばあやさんが、門のまえの通りを先へゆくと、右側の大きなサクラの木のある家の二階にいらっしゃるから、そちらへどうぞ、ということであった。

私はそのとおり二階へあがっていった。すると、とっつきの部屋に床が敷かれていて、山田順子さんが窓のほうをまくらにして寝ていたのである。私はびっくりして、気をのまれたように、そこに立ちどまった。みると秋声は黙って枕元にすわっていた。彼女は顔をあげて、どうぞといった。

私はとまどったが、窓の近くにある机のわきにすわった。彼女はカゼをひいて寝ていたのである。私は勤めをよしていて、女房が働いているので、炊事は自分でよくやることがあった。そういう話のなかでぬかみその話などになると順子さんは非常に興味をもった。むしろ好奇心に近かった。秋田の材木問屋のお嬢さん育ちの彼女には、――銀行員の妻になったことはあっても――男がぬかみそに詳しいのには、あこがれに似たものがあった。秋声はたまに彼女に助言したり、からかうような調子にもなった。

話のきれめに、彼女は机のうえの電気スタンドに手をのばした。私がはっとした瞬間、はでな長じゅばんのそでがするするっとすべって、腕のつけねまで現われた。けれども、それもぬかみそ談義にいかにもぴったりしていた。私は帰り道に考えた。彼女は秋声の奥さんになって、ぬかみそいじりをするような日々の生活設計を、こころにあたためていたのだろうか、と――。

秋声の家は、三十五年後の今日も、そのころと少しも変わっていない。それは偶然ということもあろうが、やはり秋声文学のたたずまい、といったものが感じられる。

三　無縁坂

学生と車夫で12万

坪内逍遥の『当世書生気質』（明治一八・六―一九・一）には作中にこんな説明がある。

「話譚《はなし》は明治十四、五年の事に起せり。故に書生の情態の如きも、はじめ十二、三回の其間は、おほむね既往に属する者多く、末篇にいたるに及ばば自然情態の変遷して、更に局面の新《あらた》なるを見ん」

つまりこれは明治十年代の後半期の物語で、書いたのは、その後半期の終わりに近い時期ということになる。

ところが森鷗外の『雁』（「スバル」明治四四・九―大正二・五）は、明治十三年ごろのことで『当世書生気質』が後半期なのに対して、前半期の時代になっている。

つまり徳川の二百年以上にわたる封建支配に対して、新たな社会がようやく整ってきて、そこへ維新前後に生まれた人間が新時代のにない手となるべき新たな世代の、大学生としてはじめて登場してきたわけである。『当世書生気質』のはじめに「心づくしや陸奥《みちのく》人《びと》も、慾あればこそ都路へ、営利もとめて集ひ来る、富も才智も輻湊の、大都会とて四方より、入こむ人もさまざまなる、中にも別《わけ》て数多きは、人力車夫と学生なり。

おの〳〵其数六万とは、七年以前の推測計算方《おしあてかんじょう》。今はそれにも越えたるべし。

到る処に車夫あり、赴く所に学生あり。彼処に下宿所《げしゅくどこ》の招牌《かんばん》あれば、此方に人力屋の行灯《あんどん》あり。横町に英学の私塾あれば、十字街《よつつじ》に客待の人車あり。

失敬の挨拶は、ごっさいの掛声に和し、日和下駄の痕は人車の轍にまじはる。実にすさまじき書生の流行、またおそろしき車の繁昌。……」

学生と人力車夫が、おのおの六万とは、こんにちからみても、たいしたものである。そこで白もめんのへこ帯に小倉ばかまをはいた学生の買い物姿を想像してほしい。

作者の逍遥・鷗外はもちろんのこと『当世書生気質』と『雁』の主人公たちは、いずれも東京大学の学生なので、当時の官立大学について、ちょっと説明しておこう。

明治五年八月布達の新学制は全国を八大学区——翌六年、七大学区に改正——に分けたが、その第一大学区、第一番中学は、翌六年四月に開成学校と改称、さらに七年五月に東京開成学校と改称した。

かくて東京開成学校は、はじめは予科だけであったが、専門学部が設けられるにいたり、総合専門学校（法・理・工・鉱・諸芸学の五学科）に発展した。

さらに明治十年、東京開成学校は東京医学校と合併して東京大学となり、わが国さいしょの近代的な綜合大学となった。

これがその後の東京帝国大学——明治十九年三月改称——であり、戦後の東京大学である。

鷗外は明治七年、東京医学校予科へ入学（十三歳）、十四年、東京大学医学部卒業（二十歳）。逍遥のほうは、明治九年、開成学校に入学（十八歳）、十六年、東京大学政治経済科を卒業（二十五歳）……。

明治十年、両校が合併したときから、鷗外が卒業する十四年までの四年間は、二人は共に在学していたわけである。そして明治十年代の学生とその生活を小説に書いたのは、これら二人の作家だけである。

岡田と"窓の女"

『雁』の主人公岡田は、夏休みが終わって郷里から帰ってくる。ある日、夕食後にいつもの散歩に出かける。

元岩崎邸の屋敷に沿って無縁坂を降りかかると、偶然ひとりの湯帰りの女が、仕立て物師の隣の、寂しい家にはいるのを見た。

岡田が通りかかると、ちょうど今、こうし戸の前まで帰って戸をあけようとしていた女が、岡田のゲタの音を聞いて、ふいと、こうしにかけた手をとどめて、ふりかえって岡田と顔を見合わせた。

二日ばかりたってから、岡田はまた無縁坂の方へ向いて出かける。例のこうし戸の家の、ヒジ掛け窓の障子が三十センチばかりあいて、卵の殻を伏せたオモトのハチが見えている。

ちょうど、まん前に来たとき、意外にもオモトのハチのうえの、今までネズミ色のヤミにとざされていた背景から、白い顔が浮き出した。しかもその顔が岡田を見てほほえんでいるのであった。

あの女は、近ごろ、窓をあけて自分を待っていることになったらしいと、岡田はとうとう判断した。

岡田はしだいに「窓の女」に親しくなって、ある夕方、例の窓の前を通るとき、無意識に帽子を脱いで礼をした。そのときほのじろい女の顔がさっと赤くそまって、寂しい微笑顔がはなやかな笑顔になった。それからは岡田はきまって窓の女に礼をして通る。

そこで窓のこうしを隔てたおぼつかない不安の交際が、ここに新しい「エポック」にはいった。

——これは明治・大正時代の高等学校や大学の学生にとってのロマンチックな希求と期待を、そのまま実現してみせたかのようである。

大正時代にバック・シャンという英独チャンポンの言葉が学生のあいだに愛用された。それはただ後ろ姿がいいというのではない。その後ろ姿からみて、美人らしく思われるという期待をふくめた言葉である。彼ら学生にとって、散歩はしばしば、そういう期待を、ひそかにそそったのであろう。

四　湯島天神

親しみと落ちつき

本郷の湯島天神は、この近くまで来ると、なんとなく立ち寄ってみたいところである。

境内にはウメの木が三百本くらいあるという。かなり古い木で、幹はふといが、枝は盆栽のように手入れされ、梅林ぜんたいが芝生になっていて、大きな石組みの小川には、きれいな水が流れている。

たしかに神社の境内ではあるが、この梅林の庭園は、だれのものでもないと同時に、ここを歩くもののだれもが、個人の庭のような親しみと落ちつきをおぼえる。そんな感じである。

まずかうかねの鳥居の両がわに、一本ずつ、二、三百年にはなる大きなクスノキがある。社殿まで石だたみになっていて、その左がわの梅園をはいったところに「湯島の白梅」が植わっている。

もっともこのウメの木は、ほかのよりも、ずっと若木である。立て札に、

寄贈　お蔦の梅（一本）大映作品婦系図『湯島の白梅』衣笠貞之助　鶴田浩二　山本富士子

昭和三十七年七月吉日

と書いてある。

かたわらの「お蔦の梅」と書いた札のさがっている木には、おみくじを、きちんと細長

くたたんだのが、あちこちにゆわえてあった。

湯島天神は、湯島神社縁起によれば菅原道真（菅公）をまつってある。正平十年（西紀一三五五年―南北朝時代）郷民の勧請に係り、後に太田道灌により修築せられ「青松うっそうたる神境に野梅盛薫すこぶる風韻に富み、江戸幕府朱印地を寄進し文神として推称措かず林道春、新井白石等多くの学者、文人常に参詣、献詠された」とつたえられる。

とにかく関東大震災にも、昭和二十年の空襲にもあっていないので、親しみぶかい、落ちついた感じである。

梅園には、泉鏡花、筆塚、と刻んだ高さ一・八メートルの石碑が建っている。『湯島の白梅』といえば、映画にもなり、新派の芝居ではおなじみであるが、原作『婦系図』にはそういう場面は出てこない。けれども、こういうところはある。

「是も非も無い。たとえ俺が無理でも構わん、無情でも差支えん、婦《おんな》が怨んでも、泣いても可い。憬《こが》れ死《じに》に死んで可い。先生の命令《いいつけ》だ、切れっ了《ちま》え。

俺を棄てる歟《か》、婦を棄てる歟。む、、此の他《ほか》に文句はないのよ」

「婦を棄てます。先生」

酒井俊蔵と早瀬主税、先生の酒井はまた、早瀬にこうも言っている。

「馬鹿野郎！　俺《おい》ら弟子は幾干《いくら》でもある、が小児《こども》の内から手許に置いて、飴ン棒までねぶらせて、妙と同一内《ひとつうち》で育てたのは、汝《きさま》ばかりだ。其の子分が、道学者に冷かされるような事を、何為《なぜ》するよ」

これでみると、やはり鏡花の師であった尾崎紅葉のイメージが、酒井の背後に思いうかんでくる。

『婦系図《おんなけいず》』のおもかげ

『婦系図』（明治四〇・一—四）がはじめて上演されたのは明治四十一年九月、新富座であったが、湯島天神との関係からいえば、少なくとも原作では『婦系図』より八年まえに書かれた『湯島詣』（明治三二・一二）のほうが深いつながりをもっている。

——梓《あずさ》が上京して後東京の地に於て可懐《なつかし》いのは湯島であった。湯島も其の見晴《みはらし》の鉄の欄干に凭《よ》って、升形《ますがた》の家が取囲んで居る天神下の一廓を詠《なが》めるのが最も多く可懐しかった。可懐しさも宛然過去《まるですぐせ》の夢をここに繰返すようなもので、敢て、此処で、何等のことを仕出《しいだ》したことはないが、天神下は其の母親の生れた処だということに就てである。

——其日も梓は例の如く、不遇の身を湯島の境内に彷徨《さまよ》わせて、鉄欄干に遣瀬のう時を消して暮方に家に帰ろうとする、途中で会った友達夫婦が、一台の荷車の両脇に附添って、妻恋の下通《したとおり》向うから曳かせて来て、（天神下の××番地へ引越す、後から来給え）（神月さん、其時此の車に附けあまったがらくたを隣家《となり》へ預けて来たんですから、車を雇

って持って来て下さいな）と暢気《のんき》なもので別れて行った。（略）

この升形の家が取囲んでいる天神下の一郭というのは、天神さんの社殿とともに関東大震災にも、こんどの戦災にもあっていない。だからずいぶん古びた家が多く、現在も当時とあまり変わっていないのであろう。

天神さんからこの一郭へおりる二つの坂が、男坂と女坂である。ほかに北がわの切り通しの、本郷三丁目から上野広小路へ通じる電車道に出る坂を、めおと坂といっている。いつのころから、こういう名まえがひとそろいついたのだろう。

男坂は境内から東にむかって、まっすぐに下っていて、かなり急な石段であるが、これと四十五度くらいの角度をなしている左どなりの坂は、七、八段目ぐらいごとに、とくに畳三畳じき分くらいの平らなところができている、ずっとゆるやかな坂になっている。

もちろんこの二つの石段の底辺には道ができていて、この三角形のなかの芝生の斜面にまで手入れのゆきとどいたウメが植わっている。こういう斜面をはさんで、一方をなぜ女坂というかは、もう説明するまでもないであろう。

円地文子さんの『女坂』は、ここの女坂ではない。女主人公の生涯は「男坂」とさえ比較を絶した、けわしい「女坂」であった。そしてわずかに遺言のなかで夫に復しゅうしているのである。

湯島高台の情趣

むかしは湯島天神から、東のほうはるかに市川の鴻の台が見えた。社殿に腰をおろして、神主さんとそんな話をしているうちに、神主さんは受け付けの机のまえから立って、回廊づたいに社殿の東がわのほうへ行った。すると太鼓が鳴り出した。

ほのかに赤い夕日のなごりが正面の鳥居のほうからさしてきて、東の男坂の降り口のうえの青く澄んできた空に消えていく。境内には人っ子ひとりいないような瞬間がある。男坂の降り口に白いブラウスの娘が現われる。背後の空のなかにブラウスがきわだって白くみえる。彼女は社殿の前に出ると、まっすぐに境内を通りぬけ、表の鳥居からまた町のなかに消えていく。

彼女は国電の御徒町から同朋町に出て、都電をわたってきたのにちがいない。それは直線コースで、天神さままで十分とはかからぬだろう。

本郷三丁目界わいに住んでいて、丸の内から銀座方面に勤めている人たちは、御茶ノ水と御徒町とをくらべて、時間と経済のことを考えるにちがいない。女性をふくめて、こういう人たちが、毎日、湯島天神の境内を通って男坂をのぼりおりするのであろう。

湯島天神はやっぱり町なかの暮らしにとけこんだ氏神さんだ。ウメの花の咲くころともなれば、春を待つ気持ちもあって、ちょっと風流な通勤コースでもある。

かつては市川の鴻の台が見えたくらいだから、もちろん海もながめられたことだろう。それは森鷗外が、明治二十五年（一八九二年）一月に移り住んだ本郷駒込千駄木町の家を、観潮楼といっているのでも想像できる。円地文子さんの『女坂』という題名の作品が湯島天神の女坂と関係のないことは、まえにふれたが、作中にこういうところが出てくる。

「旧暦七月の二十六夜は、真夜中に繊《ほそ》い上弦《じょうげん》の月の東の空に上るのを最初に見出したものに幸運が恵まれると言い伝えられていて、月の出の望める高台には大勢の人が集って月待ちをする習慣がある。船のような月の光の中に阿弥陀、観音、勢至の三尊が乗って影向《ようごう》するのが見えるというのである」

「東に品川の海を控えた白川の家も月待ちには恰好な場所であった（略）」

「その夜も男女十数人の客が表二階のあけ放した二間つづきに群れていた。花を引くもの、碁を打つもの、酒肴を食いあらして浮世話をするもの、皆月の出を待つのを名にしてこうした夜遊びに何の遠慮もなく興じられる賑やかさを楽しんでいるのだった」

石灯ろうの道標

湯島天神の男坂のうえに立つと、こういう海の見える高台特有の情趣といった、伝統的なものが感じられる。ところが天神下の一郭の町のようなひっそりとした感じは、坂ひとつおりただけで、まったく別の世界である。左側の女坂をおりると住宅のへいにぶつかり、道は右へ曲がる。この左かどの家のまえに、高さ一・八メートル、三十センチ四方くらいの、奇妙な石の柱みたいなものが立っている。てっぺんに、まるいぼっちのついた、小さなカサがのっかっている。そのカサの下に、二方しかあいていない四角な穴ができている。やはり灯をともすところらしい。

ずいぶん変わった灯ろうである。四角な、ずんどうの柱みたいな灯ろうなど見たことがない。すぐうしろは高い板べいでそのなかから灯ろうのうえにシイの木がおおいかぶさるように茂っている。石はみかげ石らしいが、荒けずりで、コケのせいか、あおずんでしまってよくわからぬ。

見ると表がわに「左」という字の下に「ひぐらし　あすか山」と二行に、二行目は一字下げ、あすか、の三字だけは変体がなで書いてある。あすか山はもちろん飛鳥山のことで「ひぐらし」は飛鳥山のまくら言葉のつもりなのであろうか。

これが灯ろうをかねた道標だとすれば、「ひぐらし」は日暮里のことであろう。ずいぶん風流な道標である。飛鳥山がサクラの名所とあっては、いっそう風流なわけである。もちろん女坂の登り口と、この道標とは、なんのつながりもないだろう。もとは、飛鳥山へ行く道筋の、どこかに立ててあったものだろうか。そうだとすると、どうしてこんなところにあるのか、天神さんの神主さんのところへ行ってたずねたところ、これは、あのへいのある家のものだという。では、どうして庭に据えとかないで、道路に出してあるのかわからぬが、もともと道標であってみれば、門前の飾りとして、このひっそりとした町には少しもおかしくない。

天神下のかくれ里

でも、この迷子みたいな道標は、どこに立ててあったのだろう。ある日、夕がた暗くなったころ、この家をたずねた。が門の戸はあかない。ピアノがぽつんぽつんと聞こえてくる。門の段々をあがって、門のわきからへいごしにのぞくと、洋風の応接間で、ひとりの少女が楽譜を見い見いひいているのである。けれども窓がぴったりしまっていて、ひかえめの声ではなんど呼んでみても少女は気づかない。

「此の一廓は、柳にかくれ、松が枝に隔てられ、大屋根の陰になり、建連《たてつらな》る二階家に遮られて、男坂の上からも見えず、矢場が取払われて後、鉄欄干から瞰下《みおろ》しても、直ぐ目の下であるのに、一棟の屋根も見えない、天神下のかくれ里」（『湯島詣』）まったくこんな感じのなかに、わたし自身とり残されてしまった。

泉鏡花の『湯島詣』の神月梓（こうづき・あずさ）と芸者蝶吉との出会いもこの一郭でのことである。「爾時《そのとき》、黒縮緬の一ツ紋、お召の平常着《ふだんぎ》に桃色の巻つけ帯、衣紋ゆるやかにぞろりとして」「洗髪で、濡手拭、紅絹《もみ》の糠袋を口に銜《くわ》えて、鬢の毛を掻上げながら、滝の湯とある、女の戸を、からりと出たのは、蝶吉で」ある。「年紀《とし》十七の夏のはじめ」米屋のまえにこちらを向いて洋灯《ランプ》を手にして——前回の梓が身を寄せていた知人の引っ越し先がわからなくて——たたずんでいる「一個白面の少年」を見た。

「癇癪が高ぶって血も逆《さかのぼ》らんとする、若い品の良いのを見て嬉しくツて耐らず、様子を悟って声を懸けた。

（一寸《ちょっと》何処へ行らっしゃるの）」

森鷗外の『雁』の岡田とお玉の出会いもまた、お玉が銭湯から帰ってきたところであった。

五　上野公園にて

池の端

上野かいわいは夏祭りの宵宮（よみや）であった。どこからともなく太鼓が聞こえてくる。

池の端の裏がわにあたる仲町へはいっていくと、左がわにみきしょ（神饌＝しんせん＝所？）があった。精養軒の下にある五条天神社の大祭である。この神さまは医薬祖神であるとか。

　みきしょには、柱ほどもある太さの、青々とした竹の手すりを前にして、六十年配のだんながたが二人すわっている。その一人がでてきて、手すりの下の、間口いっぱいに横長に作られた盆景に水をやっている。石どうろうや玉じゃり、植えこみのササなどが生き生きと灯に照らされる。

　おばあさんが、かみしものようにゆかたを着た男の子の手をひいてやってくる。

「ごりっぱにできて……やっぱりお祭りはいいですね」

　おばあさんが、水をやっているだんなに話しかける。いつか三、四人寄ってきて立っている。みきしょの軒には「五条天神御祭礼」の七字を一字ずつ書きいれた丸い小型のちょうちんがさがっている。

　向かって右がわの、上野元黒門町と書いた天幕の下には、子どもたちの小さなおみこしと太鼓が、いつでも引き出せるように、きちんと用意してあった。

　静かな宵宮である。笛の音が流れてくる。ぶらぶら歩いていくと右がわに守田屋宝丹本店があった。

　宝丹といえば仁丹を思い出す。仁丹の広告は大礼服（?）を着用した八字ヒゲの高官である。まだ高層ビルのまれな大正時代に、花柳病の有田ドラッグとともに、東京は上野あたりの、屋根のうえの広告王であった。それがおのぼりさん相手の町の印象ともなっていた。

ところがこの仲町の宝丹さんは、昔の講談や落語に出てくる薬屋で、上野三大名物のひとつだったといわれる。

同じ右がわには屋上に時計塔の見える東洋時計があったが、昭和へはいってから店つきの工場のストライキでつぶれてしまい、当時の番頭が電車通りに時計店をやっている。上野あたりにはめずらしい、当時のモダン・ガールのはしりのような、人目をひいた娘があったが。

たばこを買っていると、店さきに立っていた十五、六の仲間のまえへ、同じ年かっこうのが片足をずらしながらやってきて自転車をとめた。

「お祭り、いいなあ。ガキだもの」

もうお祭りなど喜ぶ年でもあるまい、といわれたくないのだろう。

森鷗外の『雁』の主人公岡田は、卒業の期を待たずに洋行することにきまって、もう外務省から旅行券を受けとった。「僕」は岡田をさそい、散歩に出て、帰りに豊国屋へ行くことにする。ところがもう不忍池をひとまわりしてしまうのに、このまま行ってはまだ早過ぎた。

「蓮玉へ寄ってソバを一杯食って行こうか」

と岡田が提議した。

「僕はすぐに同意して、一しょに蓮玉庵へ引き返した。其頃下谷から本郷へ掛けて一番名高かった蕎麦屋である」

蓮玉はずっと池の端にあったが、戦後は仲町へ移り、食堂ふうの店がまえに変わってしまった。

池の端へまがっていくかどのところにウナギの伊豆栄、その隣に十三やという、いつもひっそりとした店がある。

佐多稲子の清凌亭時代のことを書いた文章に、こういうところがある。

「座敷へ出るようになると、私の髪のとかし方も上手になり、黄楊《つげ》の櫛をひととおり揃えたりした。四日目毎にみんなの髪を結いに来る髪結いは、黒門町のうさぎ最中の隣りに店を持っていた」（『私の東京地図』）

「私たちは女中なので、『芸者衆』のように髷上げをしたまま風呂へ行ったりはしない。むしろ髷へかっきりと横櫛にして、はったんの鯉口《こいぐち》をきてゆくのをよしとする。私も形だけはそんな意気風を真似て、粋《すい》も甘いも知ったつもりでいた。何ひとつ知ってもいないのに」

ツゲのくしをひととおりそろえたというのは、十三やの店のにちがいない。静かな店なので、このあたりのことを聞こうと思ってはいった。入れちがいに、腰のうえにぐっと角帯をしめた、からだまでがんこにみえるおやじさんがでて行った。

奥からでてきたのは、まだ二十代の若い人で、これが主人であった。

　畳のうえに置いてある大きな箱に、いろんなくしが並べてある。……とかしぐし、びんときぐし、毛筋立てぐし、たぼかきぐし、仕上げ歯毛筋、びん出しぐし、きわ出しぐし、びん上げぐし、すきぐし、ご婚儀用そろいぐしなど。まったく精巧な工芸品である。見ていると、日本的な澄んだ鋭さといったものがある。

江戸風味にひたる

　正面には、ヒノキの木の大きな縦長の厚い板に、真ちゅうで「十三や清八」の文字がはめこんである。黒ずんだ古板のうえに文字だけがま新しく光っている。元文元年（一七三六年、吉宗時代）の創業というから、二百二十五年まえのことである。

　左がわに三十センチ余の高さのケヤキの厚い板でかこった、畳二畳敷きくらいの細長い仕事場がある。仕事場のうえのタナには材料がもう十年余もねかしてある。たいてい七、八年以上はねかしておく。産地は鹿児島が最上、ほかに三宅島、利島（としま）などがある。

　柞（いす）という茶がかった黒っぽい木のくしは、もと宮中でつかったという変わったくしで、昭憲皇太后が愛用されたとか。

　入れちがいに出ていったおやじさんは、神田末広町生まれ、日本一の職人だとか。ずっと泊まりこみで、いまでかけたのは三輪にいるむすこのところである。

若主人にいわせると、上野の三大名物は、十三や、守田屋の宝丹、それに道明の帯じめであるとか。宝丹のまえを先へ行くと左がわに藪そばがあるが、その少し手まえの右角に道明の店がある。飾り窓に、「無形文化財指定」と書いた木札が帯じめの見本といっしょにかざってあった。

福神づけでおなじみの酒悦（しゅえつ）は仲町だったが、いまは寄席の鈴本の並びにでている。夜の八時半ごろであったか、寄席のまえに立っていると、観光の〝はとバス〟の案内嬢につれられておばあさんたちが七、八人はいってきた。どこの地方から来たのか、案内嬢にたずねたら、両国だとのこと。思わずなるほどとうなずいた。いまは旧市内でも、観光バスに乗って寄席に出かけるのである。六十前後のおばあさんたちが――。

ホオジロ

歩いていると自然に目にはいってくる裸木のこずえを、なんとなく見あげるような季節になった。

上野公園の入り口の左がわに、不忍池の空を背景に大きなケヤキの木がある。常緑樹の茂みのなかで、この大木がすっかり葉を落として、高々と立っているさまは、まったく見事である。じっと見上げていると、いよいよ高くなっていくように見える青空のなかに、消えてなくなるような細い細いこずえの末端まで、くっきりと、こまやかに枝わかれした静かなたたずまいは、他のどんな木にももとめられないだろう。こういう高い木を見上げていると、島木赤彦の

高槻のこずゑにありて頬白のさへづる春となりにけるかも

という歌を思い出す。いなかに育ったものには、なつかしい鳥であるが、いまは旧東京市内では聞けないだろうか。

冬のあいだは、やぶや枯れた草むらのなかにひっそりとすんでいるが、春になると出てきて、木のてっぺんにとまって鳴きはじめる。

ホオジロの鳴きかたには、たとえば短歌の、上の句と下の句のような段落がある。そのせいか短歌の余韻のように、ひと鳴きごとに野山はしんと静まりかえるようである。童謡といったものがまだ歌われなかった明治の子どもたちは、春になると――地方によってちがうが――たとえば「ちんちろ（ホオジロ）五つ粒、にしまいた。五文もらって元にした」と、ホオジロの鳴きまねをして遊ぶ。それは数十年後のいまでも郷愁をそそるのである。

野鳥の会の中西悟堂さんは知っているかと思うが、上野の森でホオジロの鳴くのを聞い

た人はいないだろうか。町なかでも大きな木のてっぺんならば、ホオジロにとっては別世界である。

一瞬、しんと静まりかえったような真昼の町なかや、はるか秩父連峰にかたむきかけた夕日が赤々と武蔵野を染めるころ、どこからともなくきこえてくるホオジロの、ひっそりとした、それでいて遠くまできこえてくるさえずりは、忘れがたいものである。

赤彦のホオジロの歌は、一般に親しまれている名歌なので、斎藤茂吉がこの歌を非難した言葉を紹介しておこう。

「頬白が高槻の上で鳴くわけはないんだ。しかも梢だろう。あれは椋鳥だよ。頬白じゃない。それを古泉(注・歌人千樫)が一度指摘したことがあるんだ。しかし僕は黙っていてやったんだ。あれはいい歌だからね」(「茂吉随聞」下巻、田中隆尚)

このさいごの「黙っていてやったんだ」はおもしろいが、著者の聞きちがいでないとすれば、これはまったくおかしな話だ。茂吉はかつて「仏法僧」(昭和二・一二)を書いたときは「一代の批評家片上伸氏の目に留まり」「僕らが高野山上で聴いた仏法僧鳥は、実は仏法僧鳥ではなく鼯鼠《むささび》のたぐいでも聴いたのであろう」と「一つ二つ難癖を附けられている」のに対して、応戦している。

けれどもこんどは、赤彦のホオジロの歌については、茂吉はまったくまちがっているが、もし茂吉が生きているならば、どんなふうに応戦してくるだろう。そのときは、野鳥の会の中西悟堂さんに審判を願えるわけだが……。

　とにかく、ツキの木（ケヤキの一変種）はケヤキなどと同じように落葉喬木で、ツキの木では特にホオジロは鳴かぬというわけはない。ツキの木どころか、いなかではホオジロは電信柱のてっぺんでも鳴いている。大きな木ならば、てっぺんでなく高いこずえでだって、その先のところにとまって鳴くのである。

　野鳥の愛好者は、ホオジロからはじまってホオジロに終わるといわれる。子どもたちは、それぞれの地方独自の鳴きまねをして遊ぶ。また同じホオジロでも、たとえば池袋の西武線と新宿の京王線とでは、沿線のホオジロの鳴きかたにそれぞれ特徴があるともいわれていたが、これは戦前のこと、このごろでも鳴いてるだろうか。

　なくなられた山川均さんは、カラスを飼っていて、散歩に出かけるときはカラスも山川さんの肩にとまって出かけた。ところがある地点までくると、カラスはかならず、さっさとひとりで帰ってしまう。それは、このカラスにはこのカラスだけのナワ張りがあって――たとえ人間に飼われていても――それより外には決して出ないという。

女義太夫

　久しぶりにゆっくりと公園をぶらついてから、広小路の本牧亭に寄ってみた。『巷談 本牧亭』（安藤鶴夫）でおなじみの夫人らしい人が、二階の売り場のところに立っていた。

会場を見わたすと、五十代以上の人ばかりが、ぎっしりとすわっている。女の同年配のお客さんもなん人かまじっている。おどろいたことには、この老齢の顔の集団は、ただそのままで長い生涯を語るパントマイムの人生劇場を見るような感じであった。

　ところがもっと驚いたことには、この集団は決して沈黙の集団ではなかった。「三千世界に子を持った親の心はみな一つ」（先代萩）……「待ってました。そこだよ」と声がかかる。

「先代萩」がすむと、客席のなかから、「よく一生けんめいやってくれた」「ご両人よかった、よかった」「張りがつくよね」（女性）「いまの人熱心にやってくれた」（女性）……こんな言葉が耳にはいってくる。

　次に「お染久松」「三勝半七」とすすんで「去年の秋のわずらいに、いっそ死んでしもうたら、こうした難儀は……」のところへくると、まさにクライマックスの拍手である。うまい、うれしい、ほんとにありがたい……こんな言葉が耳にはいってくる。

　広い東京には、こんな世界もあった。これとくらべて、大正時代に一時、学生などのあいだに流行した娘義太夫のどうする連など、泡と消えゆく一杯のビールみたいなものではなかったか。

上野の不忍池に野生のカモがやってきているというので、雨のあがった夕方出かけてみた。

都電の公園まえからハス池にそって行くと、弁天さんの入り口の、左がわのハスのないところに、四、五十羽くらいが岸近くかたまっていた。ほとんど小ガモで、大きいのは二、三羽しかいない。

一日小雨の降ったあとで、もううす暗くなりはじめたので、このひとときとばかり、かたまったまま、さかんにもぐったり泳ぎまわったりしている。実にこまめな、その夢中になっているさまは、野生のものではないみたいである。

大きいのが一羽、ゆうゆうと群をはなれて枯れハスのなかへはいってゆく。すると、ひっそりと枯れハスの音が聞こえてくる。

身のまわりは見るまに暗くなってきた。

弁天さんから水上動物園にそって七軒町のがわに出ていくと、公園の土木か何かの臨時事務所みたいなものがある。窓があいていて人かげが見えたので、そこへ行ってみた。

森鷗外の『雁』が頭にあったので、いま見てきたカモの話から、昔はガンが不忍池にきたそうですね、といったら、いまだって来ますよ、と、日やけした体格のいい、その人は、わが家のことのように大声で強調した。

この人は何か聞きちがえたのかもしれない。ガンでなくカモが、不忍池だけではなく、浜離宮や皇居の堀なども、あちこちまわってエサをあさっているというのなら、ほんとうだろう。とにかく威勢のいい話しぶりとともに、それがいかにもわが家のことのようでおもしろかった……。

すっかり暗くなった。もと来た道をもどって弁天さんのまえに出てくると、目のまえの暗くなってきた空を、ハス池のほうから東照宮の方角にむかって一羽、二羽とカモが飛んでいく。ぐっと首をのばして、ゆっくりと羽を動かしているのが、すぐ間ぢかに見える。やっぱり、荒川あたりへエサをあさりにいくのだろう。暗い水面のかなたから、ぽつんとカモの鳴きごえが聞こえてくる。

すぐそこの、公園まえの雑踏が、まるでウソみたいである。

ある秋の夜、田端の高台に住む室生犀星さんの家をたずねたときを思い出した。数十年まえのことである。しめきった部屋にあるじと対座していると、ぎゃあ、というような鳥らしいなき声がきこえたような気がした。じっと耳を澄ましているのを、あるじは見て、あれはゴイサギのやつが荒川へ魚をとりにいくんだ、とつぶやいたのを思い出した。

『雁』をしのんで

森鷗外の『雁』（明治四四・九―大正二・五）の物語は、明治十三年（一八八〇年）のことであるから、いまから八十一年まえのことになる。

主人公の岡田は、いまの東京大学の学生で、美男であるが色の青いひょろひょろした美男ではない。血色がよくて、体格ががっしりしていて美男である。ボートレースの選手でもあった。

岡田は実によく散歩する。その日々の散歩は、たいてい道筋がきまっていた。

——まず寂しい無縁坂を降りて藍染川のお歯黒のような水の流れこむ不忍池の北側を回って上野の山をぶらつく。

それから松源（まつげん）や雁鍋（がんなべ）のある広小路、狭いにぎやかな仲町を通って、湯島天神の社内にはいって陰気な臭橘寺（からたちでら）のかどを曲がって帰る。

しかし仲町を右へ折れて、無縁坂から帰ることもある。

この無縁坂の南側は、そのころ、つまり明治十三年ごろ、すでに岩崎の屋敷であったが、まだ今——明治の末——のような巍々たる土べイで囲ってはなかった。きたない石がきが築いてあってコケむした石と石との間から、シダやスギナがのぞいていた……。

現在は、このへイは下半分が切り石の石がき、上半分が白壁になっていて、そのうえにカワラが屋根むねのようにのっている。ちょっと青山などの御所のような感じであるが、内部はまるで大森林のように、シイの木などの大木が空をおおっている。どこに家があるのか、見当さえつかぬ。

岩崎邸の正門は、切り通しの上り口の右がわにある。大きな鉄ごうしの門のところまではいってみると、裁判所書記官研修所という看板がさがっていた。瞬間、まったく見知らぬ土地に来たような意外な感じだった。そこで岩崎邸を一周してみた。

無縁坂をのぼりつめると、少し行ってヘイは左へ曲がる。ヘイにそった道の右がわはいわば中流層の住宅地である。左がわにまた高い鉄ごうしの門があった。ここには門のソデのところに、最高裁判所書記官研修所と書いた板がさがっていた。門柱にかかっている筆ふとぶとと書かれた看板などとはことちがい、なかなかハイカラになったものだ。この研修所は白亜の三階建て二むね、まったく、しょうしゃな寮みたいである。向かって右どなりの低いところには、ちょっとした遊園地もある。

この道をまっすぐに行くと、車のはげしい、切り通しの上に出る。向かいは、みかげ石の大きな鳥居が立っている湯島天神への入り口である。

このあたりは、自動車がやっとはいれる、実に静かな、古くからの住宅地である。戦後、山の手の住宅地には、思いがけぬ所に旅館や料理屋を見かけるが、この辺一帯もそんな感じである。

ところで池の端の茅町の交番からはいって、通りをひとつ渡ると、岩崎の屋敷に沿った無縁坂にかかる。右がわに『雁』から名をとったアパートみたいな洋風の旅館がある。メカケのお玉の家もここらあたりだったのだろう。森林みたいな広大な屋敷を前にして、いまでもさびしいところである。

郷愁よぶ銅像前

不忍池のあたりのながめは、旧東京市内でも珍しく山水画風の趣があった。大正十二年の震災の後もまだそれが残っていた。もっとも司馬江漢の『不忍池図』という銅版画などをみるとそのころはまったく武蔵野の沼地といった感じそのままである。震災で焼けるまでは、公園の入り口の両側は、ふたかかえもあるようなシイの木がおおいかぶさって、左がわはそれがずっと奥までつづいていた。この左がわの不忍池に面したほうはいまでもかなり残っているが、西郷の銅像まえはシイの木が震災で焼けてなくなったばかりか、昭和になってからガケをけずり落として、商店街にしてしまったので、公園と町とのけじめがなくなってしまった。けれども西郷の銅像まえあたりに立って、すぐ下の上野駅や下町いったいを見ていると、東京へ出てきたばかりのものには郷愁とか運命といったものを感じさせるらしい。室生犀星が金沢から東京へ出て来たり、また帰ったりしていた大正のはじめのころの詩に、こんなのがある。

　上野ステエシヨン
トツプトツプと汽車は出てゆく

汽車はつくつく
あかり点《つ》くころ
北国《きたぐに》の雪をつもらせ
つかれて熱い息をつく汽車である
みやこやちまたに
遠い雪国の心をうつす
私はふみきりの橋のうへから
ゆきの匂ひをかいでゐる
浅草のあかりもみえる橋の上

不忍池は同じ公園のなかでも一種の別天地の感じがあった。大正の終わりころまでは、観月橋のかかっている東西の道が一本だけであったが、いまは南北にも道ができて、池が四等分され半分は水上動物園になって金網まで張りめぐらされてしまったので、あの広い空間をもった水面の自然ななながめはまったくなくなった。これはもはや公園ではなく遊園地である。台東区史によれば、原始時代には上野台地と本郷台地の間の低地は入り海であって、根津から遠く西ケ原まで湾入していた。それが砂土のたい積によって湖ができ、奥の方から漸次埋まって来て沼となり、さらに水面が退縮して池となったのはおよそいまから四、五百年前のことである。

やよい式文化の土器が不忍池の北西にあたる本郷台の弥生ケ岡から出土したことをみても、紀元前二、三世紀ころに、このあたりの岸べに営まれた民族の生活が想像される。江戸時代には鐘九カ所といって、時の鐘を打つことを公認されたところが九カ所あった。上野の鐘も浅草などとともにその一つであったが、鐘のひびきは上野のがいちばんよいとされたという。芭蕉の

花の雲鐘は上野か浅草か

という句は、この「時の鐘」のことであろう。

不忍池の南は商店街の池の端仲町、西は本郷台地を背にした古くからの住宅地の茅町、というふうに、まったく趣がちがう。茅町もいまはビルが建ったりして住宅地とばかりはいえないが、住宅はみな古く、広い通りをへだてて不忍の池に面した横山大観の邸宅もその一つである。大観なき現在も「横山大観」の表札はそのままで門はかたく閉ざされていた。岡倉天心が日本美術院を創設したのは明治三十一年。主幹は橋本雅邦、大観は下村観山とともに評議員として参加している。邸宅はそのころからのものだろうか。もしそうだとすれば、本郷森川町にある徳田秋声の、やはり明治三十年代からの邸宅とともに、現存

していいる芸術家の住まいとして、まれなものであろう。

藤村の送別会

島崎藤村の『春』の終わりに近いところに「池の端といえば、飛んでも行きたい場所のように以前には思われて居たが、次第に岸本（藤村）の足は進まなくなってきた。行っても話が出来ない。話が出来ないから面白くない。毎時《いつも》黙って引き下がって来る」とある。

池の端というのは菅（戸川秋骨）のところ。そこへ市川（平田禿木）足立（馬場孤蝶）ら『文学界』の同人がよく集まった。藤村は湯島天神のあたりに母と妹とともに住んでいたが、長兄は三年にわたって鍛冶橋監獄の未決にはいっていた。藤村は家の生計のためにも迷いに迷って陶器の画工にまでなろうとした。明治二十九年の九月、藤村は仙台の東北学院に職を得て赴任する。都落ちはよほどの決意からであろう。ところがこの月からこんとわき出るように詩が書かれ、翌三十年七月職を辞して上京するとともに、翌八月には最初の詩集『若菜集』が刊行された。

藤村が仙台へ赴任するときは不忍池の弁天の境内で送別会をかねて『文学界』の同人たちが集まった。その晩は皆酔った。連中はいっしょに池のほとりを歩いた。いま出て来た部屋は、岸のこちらから明るく見られる。灯は静かな暗い水に映っている。夜のけしきは夢のように見えた。

仲町のほうへ曲がろうとするところで、岸本は友だちに別離を告げた。

「揚げ出し」と「清凌亭」

上野の公園まえあたりは、浅草などとともに戦後すっかり変わってしまった。まず広小路のかどの「揚げ出し」がなくなった。この辺の地主であったが、その土地も売ってしまったとか。画家の小糸源太郎はここの「若だんな」であった。

広小路から池の端を右へまわって駒込神明町方面へ行く電車は、いつごろからなのか。震災当時はもう通っていたが、佐多稲子は『私の東京地図』に、大正八、九年ごろのことを

「池の端にまだ市内電車は通っていなかった」

と書いている。

「池の水の落ちる忍川には三橋の橋の形も標《しるし》ばかりにもついていた。忍川は『揚げ出し』裏でちょっと水の姿を見せて、そのあとは広い道の下にくぐって隠れ、御徒町の方へ出て見え隠れしつつ流れ落ちていた」

「『揚げ出し』の表の角は、あとで『菊や』というレストランになったが、はじめは鳥何とかいう鳥やで、丁度三橋の片方の角に当り、二階の庇に青銅の釣り灯籠などが下っていた。池の方へ出る道をはさんで、横手の向いに喫茶店の『山本』と、うなぎやの『伊豆

栄』がある」

「伊豆栄」はいまもやっているが、喫茶店の「山本」は、いつごろからか現在の証券会社か何かの事務所になっている。この喫茶店の「山本」は鶯谷から都電の坂本二丁目に出て、浅草の観音さまへゆく下谷の通りを、ちょっと行った左がわにもあった。

この下谷のは、レストランふうなところがあったが、上野のほうは狭い店で、スタンド式の喫茶店は高田馬場の「紅雀（べにすずめ）」がはじまりだとかいわれているが――女の子をおいたという意味ではそうなのかもしれないが――この上野・下谷のほうが古いのではないか。上野は姉がやり、下谷は妹がやっていた。もうおばあさんであったが、二人とも同じだんなの世話になっているなどというわさを耳にして、つまりそういう立ちいったことを知って、ひと口に哀れともいえない、親しみを感じたものである。

「揚げ出し」の並びで上野の山寄りに「清凌亭」という料理屋があった。佐多稲子は十四歳ごろ（大正八・九年）さいしょに一年――一度やめて――次に一年半くらい女中をしたことがあった。

「清凌亭はこの鳥鍋と空谷の間の狭い路地のようになった入口の奥にあった。狭い路地の入口に擬宝珠の赤い柱を一本看板に立てていた。その柱に清凌亭と書いてあった」（「清凌亭のこと」）

もともと清凌亭は寛永寺お出入りの精進料理仕出し屋であった駿河屋――向かいの永

藤パンの隣——の職人が、そこの娘をもらって同じ店を開いたのである。戦争であのあたり一帯がすっかり焼けるまでは、あの珍しい擬宝珠の赤柱を目にとめた人があるだろう。宇野浩二や江口渙が、清凌亭時代のお稲さんについていろいろ書いているが、それらの文章のまちがいを正す意味で彼女は「清凌亭のこと」という文章を書いている。

「芥川さんがこの店をどうして知っていられたのかは分らない。二階からおりてきて、帳場で勘定をしていられたのをみかけたのが最初である」

「そのとき私が芥川さんだということを知っていて、番になっていた女中にそのことを言い、それをまたその人が芥川さんに伝えたらしい。そんな料理屋に小説家の顔を知っている女中のいるというのを芥川さんは珍らしくおもわれたようだ」

「菊池さん、久米さん、宇野さん、江口さん、佐佐木茂索氏、南部修太郎氏、小島政二郎氏という人々が、その後芥川さんと一緒にみえた」

「清凌亭は、うちは『鍋やさん』ではない、という主人のたて前ではあったが、どっちかといえば飯をくう家だった」

「菊池さんが奥さんと子どもさんと三人だけで昼の座敷で、ひっそりと御飯を食べていられたこともある」

「芥川さんは信州からの帰りだという宇野さんと一緒のこともあった。菊池、久米、佐佐木という人々と夕方から来て、誰か芸者をよぼうということもあった。私が自分の好きな芸者をすすめてその人がよばれてきた。そのあとで、ほかの待合でまたよんだ話を、聞いたりした」

「『文学界』三月号に（注・年度不明）宇野浩二さんは清凌亭における芥川さんのことで、そこの女中に、芥川さんが署名入りの本を送ったという事で芥川観を述べていられるが、これは何の間違いか、事実無根である。芥川さんは本をやろう、というような話さえ、一度もした事はない。まして署名入りの本など。それほど馴々しくはなかった。芥川さんの方にも、亦私の方にも。私の方に畏敬の念があったばかりである」

不忍池をへだてて、ちょうど向かいがわに住んでいた横山大観や、荒木十畝なども清凌亭へ来ている。自然主義文学の時代が主として神楽坂あたりにつながっていたように、芥川、菊池らの時代は上野あたりへ移ってきたことが想像される。昭和にはいってからは銀座が舞台となったように。

江口渙の文章にこんな会話が出てくる。「芥川は、最近すてきな愛読者（注・佐多）を発見して得意なんだよ。君うっかりいくとアテられるぞ」——そんな空気だったのだろう。真偽は別として。

清凌亭の向かいにある三橋亭などは、詩人がよく集まったものである。

「上野へ何かの展覧会を見に行ったときのかえりだった」芥川と久米正雄と、菊池寛と小島政二郎と女との五人づれで、清水堂の下の大通りを山下のほうへ歩いていていた。

「展覧会を見たかえりは、へんなものだな。どの木もセザンヌに見える」

「久米は上野の山王台に茂っている楓や桜の若葉を見ながら真顔にこういった」（江口渙『わが文学半生記』）こういう時代であった。

六　上野の山

彰義隊の墓

ある夕がた、すっかり青葉になった上野の山に行ってみた。

久しぶりに木の下やみを歩いてなつかしかった。もう人かげもまばらになった。公園を抜けてわが家へ帰っていく人たちらしく、せっせと歩いていく姿を見かけるばかり。

公園の近くに住んでいたころ、ある夕がた友だちと精養軒のまえあたりを公園の入り口のほうへ歩いて行くと、夕やみの濃くなった前方から、かすかに、足音が近づいてくる。すかして見ても、はっきりとは見えない。小走りのような足音であることがわかってきた。目のまえに現われたのは、ネコ背の小男で、長い竹ザオをもっている。さっさとすれちがって行った。見送っていると、すぐ先の所で立ちどまった。するとその上のところで、ぽかっとガス灯がついた。

ガス灯はああして一灯ごとにつくのだと、はじめてわかった。ぼくたちは感動した。いつでも感動をもとめていたぼくたちは、あのひっそりとした小走りの足音に、耳をすますようにして夕やみのなかに立っていた。

友だちがやって来て、夜どおし話しこんだりすると、朝飯のしたくができるあいだ、ちょっと公園を歩いてくる。

ある朝、ちょうど朝日が上野の山にさしはじめようとする時刻に、音楽学校と美術学校のあいだを歩いていった。両がわの桜は満開だった。夜つゆにしっとりして、しかも朝日の出たばかりの明るさに、静かに輝きはじめるところであった。

こんなささやかな、ひそかな経験が、若いぼくたちにとっての上野公園であった。二人は自然に立ちどまって見上げていた。たがいに何も言わなかった。

こんど自分が夕がた出かけてきたのは、人かげの少なくなったころを見はからって、彰義隊の墓を一度ゆっくり見たいと思ったからである。墓は西郷さんの銅像の、すぐ先にあるが、ただ通りがかりにちょっと立ちどまって見あげるくらいのものであった。

この墓碑の発起担当者は、旧彰義隊分隊天王寺詰め組がしらの小川椙太で、碑文の筆者でもある。碑文は墓碑の左がわに掲示されているが、別に複写したものを売店で売っている。その大要は――

慶応四年（註　明治元年、一八六八年）正月三日徳川将軍（註　慶喜）召ニ依《ヨ》リ上京ノ先途、豈図《アニハカ》ラン突然鳥羽伏見ノ変起リ尋《ツイ》デ東征ノ師下ルト聞クヤ実ニ憂憤、戦ヲ主ト為《ナ》ス者アリ、和ヲ主トナス者アリ。両議紛々鼎座《テイザ》密議ヲ凝ラシ偏《ヒトエ》ニ君家ノ冤《エン》ヲ雪ガズバ止《ヤ》マズ。

我《ワガ》君固《モト》ヨリ時勢ヲ深ク鑑《カンガ》ミラレ、万民ノ為《タメ》ニ畏《オソレオオ》多クモ過失ヲ一身ニ受ケサセラレ、只管《ヒタスラ》恭順ヲ旨トセラレ、一般ニ命ジテ曰《イワ》ク、東征ノ師来《キタ》ルモ必ズ謹而之《ツツシミテコレ》ヲ迎フベシ……ト厚ク示サレタリ。而《シカ》シテ大城（註　千代田城）ヲ出《イ》デラレ、東台（註　上野）ニ屛居《ヘイキョ》セラルルニ至ル。嗚呼《アア》臣子ノ分トシテ之ヲ如何《イカ》ニセンヤ。

斯《ココ》ニ同志ノ士相謀《ハカ》リ、則《スナワ》チ彰義隊名ノ認可ヲ得テ、浅草東本願寺へ会合シ、死ヲ盟《チカ》ヒ、飽クマデ君家、朝敵ノ汚名ヲ雪ガムモノト哀訴ノ議起ル。

然《シカ》ルニ我君、猶《ナオ》水戸表へ退カルル趣ニ付、随従ノ儀ヲ請願シタルニ容《イ》レラレズ、而シテ千住駅本陣ニ於《オイ》テ懇篤ノ命ヲ蒙《コウム》リ、以《モッ》テ輪王寺宮殿下（註　後の北白川宮能久親王）ヲ始メ奉リ、上野山内一般ノ護衛ヲ謹而奉仕セヨトノ儀ニ付、命ヲ奉ジ更ニ東台ニ移リ屯集《トンシュウ》シタルモノナリ。

是《コレ》ヨリ先各藩士中ニ、我々ト同感ノ士漸ク集リ来リテ、我附属《フゾク》隊トナルモノ多ク、随《シタガ》ヒテ其《ソノ》勢ヒ益々熾《マスマスサカン》ナルニ因《ヨ》リ、図《ハカ》ラザリキ遂《ツイ》ニ嫌疑《ケンギ》ヲ蒙リ、畏多クモ天怒ニ触レタル趣ヲ以テ追討ノ不幸ニ逢《ア》ヘリ。

実ニ慶応四年（一八六八年、明治元年）五月十五日昧爽《マイソウ》突然官軍ノ襲撃ヲ蒙レリ。蓋《ケダ》シ大小ノ侯伯都《スベ》テ二十八藩、其勢凡《オヨソ》二万八千人ナリト。夫《ソ》レ素《モト》ヨリ衆寡《シュウカ》当ルベカラザルハ論ヲ竢《マ》タザルノミナラズ、業《スデ》已ニ事斯《ココ》ニ究《キワマ》リ、剩《アマッサ》ヘ自然、君命ニ悖《モト》リ国賊ノ汚名ヲ蒙リタリシヲ今ヤ如何《イカン》セン。

然《シカ》レドモ已ニ此期《コノゴ》ニ臨ミ、豈《アニ》順逆正邪ヲ論議スルノ暇《イトマ》アランヤ。

親王ヲ補翼シ禦戦《ギョセン》ス。而シテ親王当山ヲ避ケ、会津若松城ヘ成ラセラルルニ付、各扈従《コジュウ》ス。此時砲弾ノ下ニ斃《タオ》ルルモノ、是レ皆善《ヨ》ク武門武士ノ道ヲ尽シタルモノナリト謂《イ》フ可シ。

故《ユエ》ニ宮亦《マタ》特別ヲ以テ其遺《イ》骸ヲ悉《コトゴト》ク此処《コノトコロ》ニ埋メラレタリ。（読みがな、句読点筆者）

――これがあらましであるが、はじめはただ一基の卒塔婆《そとば》が建てられたにすぎない。その後この山王台は荒れはてた草原になった。明治十五年五月、関係者の努力と小石川白山前町の大乗寺住職の後援とによって現在の墓標が建てられた。

ところが墓の碑銘にも、新政府をはばかって彰義隊の字句がつかえない。ただ「戦士之墓」とした。筆者は山岡鉄舟。墓の正面の鉄さくに、しんちゅうの丸い輪で「義」という字をかこったものが左右にかかっている。……それでわかった。この「義」の一字にでも彰義隊の意を示そうとしたのであろう。

京都発行のかわら版（注・今日の新聞にかわるもの。小野秀雄『かわら版物語』）は地図入りで「江戸上野大火の話」という見出しで、終わりに「大江戸表より当来のまま書うつしぬ」と、この上野の戦争を報道している。

美文的な五重塔

上野の公園をぬけて谷中へ行く途中で東照宮へ立ち寄ってみた。ご祭神は徳川家康に第八代将軍吉宗だとは、東京のいなかものには、はじめてわかったような感じである。東京では、ただ一つ残った江戸初期の代表的権現造りの、貴重な建て物であることを知った。社殿の向かって左に、枝をすっかり切りはらって、まるで幹だけみたいなクスの大木がある。三かかえは十分にある。その近くにまた、これに匹敵するような、同じ格好のイチョウの木があった。売店のおじさんの話では、四、五百年くらいにはなっているだろうという。

境内には銅灯籠五十基のほかに、実にたくさんの石灯籠が立っている。百九十五基といわれるが、ひとつだけたくましい、ぶこつなのが目についた。あとで知ったが、これは日本三大灯籠の一つで、お化け灯籠ともいうとか。戦国時代を生き抜いた武勇の士の、豪快な好尚がうかがわれる、といわれれば、たしかにそんな感じがしてなんとなくうれしくなる。本殿の飾り立てた権現造りとは実にいい対照をなしている。

本殿に向かって右のほうに五重塔が立っている。この塔を見るのは、ずいぶん久しぶりだ。塔は近くで見たって首がいたくなるだけで仕方ない。といって、ちらっと見るだけなら、見なくてもいいようなものだ。けれどもこのごろは、町なかで遠くから、ふと塔が見えて立ち止まる、といったことがなくなった。

とにかく、ここの塔を、こんなに近々と見るのは、はじめてである。

寛永八年（一六三一）の建立《こんりゅう》だが、同十六年（一六三九）三月、折りからの花見時に薬師堂からの出火で東照宮の回廊とともに類焼し、同年直ちに再建したのが現在の塔で、すでに三百二十三年になる。

文献に指摘されているように、浅草寺と芝増上寺、それに谷中の天王寺の五重塔がなくなった今日では、これは池上本門寺の五重塔〈慶長十三年〈一六〇八〉建立〉とともに貴重な存在である。

いまからみれば夢みたいな話であるが、明治元年（一八六八）新政権は神仏習合廃止、つまり廃仏毀釈《きしゃく》、神仏分離の令を発した。そのさいこの塔は東照宮からはなれて、寛永寺の所有になるということで撤廃をまぬかれた。その後ひきつづき寛永寺が管理していたが、昭和三十三年春、寛永寺は、これを東京都に寄付したので、都の手で保存の万全をはかることになった。

このいきさつを知らなかったので、寛永寺の五重塔が、どうして寺からこんなに離れたところにあるのか、さっぱりわからなかった。というよりも、むしろあやふやなままであった。

また明治四十四年（一九一一）旧法により国宝建造物に指定されたが、現行法で、重要文化財に指定しなおされている。いずれにしても現在の五重塔がよく管理されているのには感心してしまった。いささか美文的な感じさえするくらいである。はるかに遠くから望み見ることのできる、この高壮な塔が、こぢんまりとした庭のなかに立っているみたいである。

遊ぶツルとカモ

高い木柵《もくさく》をめぐらし、塔のまわりに芝生を植え、さらに芝生にそって池をめぐらし、池のふちにはツツジなどあしらい、カモたちが水脈《みお》をひいて遊んでいる。

芝生には、芝のみどりのうえにかがやくようにまっ白なタンチョウヅルが二羽、ゆっくりと歩いたり立ったりしている。都会の煤《すす》や埃《ほこり》に少しもよごれていない、こんなに純白のツルを見たことがない。

見あげる塔には、ハトやスズメの白いふんなど、どこにも見えない。巣のワラくずなどがさがっているのを、目で追ってみたが、とうとう見つからなかった。彼らのためには、近いところに巣がとくに提供されているようだ。

いよいよたそがれてきた。一瞬、一羽のツルが、翼をひろげて走り出した。その幅のひろい翼を、うちわのようにあおりながら、逆にからだごとあおられるように長い足を運びながら走りまわっている。もう一羽は長い首を高く立てて、振るようにあたりを見ている。

走りまわっているツルの、ひろげた翼の、肩のあたりから内がわは、まっ黒な羽がふさふさとさがっている。立ち止まって、すうっと翼をたたむとき——いままでこんもりと盛りあがるように見えていた、まっ白な羽のかたまりみたいな尾のうえに、肩のあたりの内がわのまっ黒な羽がたたみこまれてしまった。それは短いけれども、りっぱな黒々とした尾になってみえるのである。

薄暗くなってきたなかで、中学の博物の先生が、日本画家のツルが飛んでるところをかいたのをみると、みんな尾を黒くかいているが、あの黒いのは翼の一部であって、ツルの尾は決して黒くはない、まっ白だといったのを、数十年後のいま、はっきりと思い出した。

参道の右がわのちょっと奥まったところに、庭をまえにしてこのごろときどき見かける、屋根のひらべったい組み立て住宅が一列に並んでいる。東照宮のいわば社宅のようなものだろうか。

あけ放した一つの座敷のまんなかに、年配の婦人がこちらを向いて針仕事をしていた。

ときどき顔をあげてこちらを見ている。ここには遠い異国の人も絶えずやってくる。こういう、いわば公の場所に、もっとも私的な生活が、ありのままに、いわば衆人環視のなかに営まれているのが、何か不思議でならなかった。

これから谷中の墓地の奥に住んでいる女性をたずねるために人通りも絶えた公園の奥にはいって行った。彼女は天王寺の五重塔が焼けたときの、さいしょの発見者である。お勤めをしているとしても、もう帰ったころであろう。

第二の歩道　上野千駄木町から団子坂をのぼる道

一　根津かいわい

『書生気質』と女遊び

上野公園まえから江戸川ゆきの都電に乗る。

池ノ端七軒町を過ぎて根津宮永町から八重垣町あたりへくると、自分の乗っている電車が、自分の行く先とは、何かちがったところに来てしまっているような感じがする。

電車の窓から立って見ていると、町並みはどの二階も、雨戸をしめたままで、その廂《ひさし》のうえには看板さえ見あたらぬ。それらの家並みは、立ち枯れの木のように、すすけたままに年月を経て、しんとしている。坪内逍遥の『当世書生気質』の一節にこんなところがあった。

「年の頃は二十二三、ある医学校の生徒にして、もう一、二年で卒業する、野々口精作といふ田舎男」

「時しも日曜日の四時半頃、野々口は唯一人、友ほしさうな面附にて上野の三橋《みはし》から仲町《なかちやう》へいで、守田の店先（注・宝丹）まで来りしとき、切通《きりどほし》の方よりして、ごっさいごっさいと馳《かけ》てきた威勢のよい一人乗。野々口『ヤイあぶないワイ。気をつけろイ。』トいひつ、覚えず車上の人と面見合せて互に吃驚《びつくり》。野『ヤ君は倉瀬君ではないか。寔《まこと》に暫らく』」

これより両人、池の端の蓮玉（作者注「ごぞんじのそばやなり」）で一杯やる。彼らの話のなかに、こんなやりとりがある。

野々口「君なんぞは外容《みえぼう》主義だからどうも不可《いかん》。蓋《けだ》し女に惚れられようといふ野心があるからだ。止《よし》たまへ、到底だめだから。娼妓でも芸妓でも、金のある方へ転ぶ世の中だ。（略）」

倉瀬「処が僕には惚れるから奇態だ。して見ると僕だけは例外かしらん」

野々口「いやはや相かはらず自惚が強いなア。君に惚れたのは初緑《はつみどり》とかいふ一斤五十銭に縁のありさうな、根津の娼妓一人ッきりだワイ」

倉瀬「ヘン嫉《そね》む可しッ、初緑の如きは疾《とう》に放擲。今ではずっと大籬《おほまがき》サ」

倉瀬は送別会へ行くところであった。

「好男子人に嫉《ねた》まるとは、万古の原則だ。どりゃ会へゆくのが遅くなる、僕は失敬するぞ」

野々口「待々《まてまて》、我輩も同伴《いっしょ》にゆくから。時に君は是非とも、会へゆかなけりゃならんのか」
倉瀬「なアに、是非ともといふ、訳でもないが」
野々口「なんなら、我輩につき合《あふ》べしだ。久振で進撃しよう」
倉瀬「何処へ」
野々口「何処へッて根津か中廓《なか》さ」
倉瀬「根津は八方ふさがりだ」
さし絵に、彼ら書生の「借金くらべ」が、相撲番付をまねた形で載っているが、大関は、二千円の中江秋信、前頭の最下位が、三百円の根津町溺。前者は吉原への執心、後者は根津のおんなにおぼれる、という意味を人名にもじったものであるが、明治十年代の後半期ころに、二千円といえば、たいへんな金額であっただろう。
根津は、一書に、江戸時代に寛永寺の僧侶を相手の娼家があった、と書かれている。あるいはそれが、ここのはじまりかもしれぬが吉原とちがい、いわば官許でない、岡場所（おかばしょ）というのであった。
こんなことが、いかにも遠い昔のこととして思い出される。いずれにしても、上野広小路のような繁華街を目のまえにひかえた商店街のいかにもそれらしい姿であった。
根津は後に洲崎へ移されて、洲崎遊廓の公娼となった。

団子坂の詩

駒込千駄木あたりから団子坂辺になると、電車の窓からみた目にも、町の感じがすっかり変わってくる。それが電車通りの、どの辺から変わってくるのか、まったく微妙なものである。

ことに本郷の蓬莱町から駒込千駄木町へ広々としたアスファルトの道ができて、明治以来ちっとも変化のなかったみたいな、くすんだ印象を一変してしまった。道はゆるやかにカーブをえがき、そのなかほどに日本医科大学の白亜の病院が建っている。

ここは明治十年代の創立にかかり、済生学舎といって私学の医学専門学校の嚆矢《こうし》である。団子坂はすでに二葉亭四迷の『浮雲』（明治二〇・六―明治二二・八）の菊見のくだりに出てくるが、団子坂そのものがとりあげられたのは、室生犀星の『抒情小曲集』（大正七・九）におさめられた、幾つかの詩篇であろう。

街かどにかかりしとき
坂の上にらんらんと日は落ちつつあり
円形のリズムはさかんなる廻転にうちつれ
樹は炎となる

つねにつねにカンヴスを破り
つねにつねに悪酒に浸れるわが友は
わが熱したる身をかき抱き
ともに夕陽のリズムに聴きとらんとはせり

しんに夕の麵麭《パン》をもとめんに
もはや絶えてよしなければ
ただ総身はガラスのごとく透きとほり
らんらんとして落ちむとする日のなかに
喜びいさみつつ踊る
わが友よ
ただ聞け上野寛永寺の鐘のひびきも
いんいんたる炎なり
立ちて為すすべしなければ
ただ踊りつつ涙ぐむ炎なり
おろかなる再生を思慕することはなく
君はブラッシュをもて踊れ

われまづしき詩篇に火を放ち
踊り狂ひて死にゆかむ
さらにみよ
坂の上に転《ま》ろびつつ日はしづむ
そのごとく踊りつつ転ろびつつ
坂を上らむとするにあらずや（坂）

「君はブラッシュを……」というのは上野の美術学校の学生のことで、大正のなか頃、美校生と文学青年とがこの地域に一種の空気をつくっていたのである。

詩人はもはや爛熟した近代都市の生活のなかに、大地とか道、坂など、より単純で純粋なもの、根源的なものに立ちむかわずにおかなかったのであろう。「夜はしんの黒の黒／しぜんに起るリズムの道を行け」とも、うたっている。

日和下駄から

このへんで趣味の散歩の先駆者永井荷風をしのぶことにする。

荷風の『日和下駄《ひよりげた》』（大正四年十一月刊）は大正三年夏のはじめころから一年あまり、月々雑誌「三田文学」に連載されたもので、荷風はその序に書いている。

――茲《ここ》にかく起稿の年月を明にしたるは此書板成りて世に出づる頃には、篇中記する所の市内の景勝にして、既に破壊せられて跡方もなきところ尠《すくな》からざらん事を思へばなり。――見ずや木造の今戸橋は蚤《はや》くも変じて鉄の釣橋となり江戸川の岸はせめんとにかためられて再び露草の花を見ず。（略）――昨日の淵今日の瀬となる夢の世の形見を伝へて、拙《つたな》きこの小著、幸に後の日のかたり草の種ともならばなれかし。

『日和下駄』の題名は「人並はずれて丈《たけ》が高い上にわたしはいつも日和下駄をはき蝙蝠傘《こうもりがさ》を持って歩く。いかに好く晴れた日でも日和下駄に蝙蝠傘でなければ安心がならぬ。此《これ》は年中湿気《しっけ》の多い東京の天気に対して全然信用を置かぬからである」

日和下駄は足駄の歯の低いのを言い、雨の用意にもなるけれど、むしろ荷風などの好みにぴったりするはき物といったほうがいい。さて『日和下駄』の「第九、崖」の章に鷗外の観潮楼をたずねるところがある。

――根津の低地から弥生《やよい》ケ岡《おか》と千駄木の高地を仰げばこゝも亦絶壁である。絶壁の頂に添うて根津権現の方から団子坂の上へと通ずる一条の路がある。

私は東京中のうちで、この道ほど興味ある処はないと思っている。片側は樹と竹藪に蔽《おお》われて昼猶《なお》暗く、片側はわが歩む道さえ崩れ落ちはせぬかと危《あやぶ》まれるばかり、足下を覗《のぞ》くと崖の中腹に生えた樹木の梢を透《すか》して谷底のような低い処にある人家の屋根が小さく見える。されば向《むこう》は一面に遮《さえぎ》るものなき大空かぎりもなく広々として自由に浮雲の定めなき行衛《ゆくえ》をも見極められる。

ヴェルレエヌの詩

左手には上野谷中に連《つらな》る森黒く、右手には神田下谷浅草へかけての市街が一目に見晴される其処より起る雑然たる巷《ちまた》の物音が距離の為めに柔《やわら》げられて、かのヴェルレエヌが詩に、

かの平和なる物のひゞきは
街より来《きた》る……

と云ったような心持を起させる。

当代の碩学《せきがく》森鷗外先生の居邸はこの道のほとり、団子坂の頂に出ようとする処にある。二階の欄干に佇《たたず》むと市中の屋根を越して遥に海が見えるとやら、然《しか》るが故に先生はこの楼を観潮楼と名付けられたのだと私は聞伝えている。

――度々私はこの観潮楼に親しく先生に見《まみ》ゆるの光栄に接しているが多くは夜になって

からの事なので、惜しいかな一度もまだ潮《うしお》を観る機会がないのである。その代り、私は忘れられぬ程音色《ねいろ》の深い上野の鐘を聴いた事があった。日中はまだ残暑の去りやらぬ初秋の夕暮であった。

——先生は大方御食事中であったのか、私は取次の人に案内されたまゝ暫くの間唯一人この観潮楼の上に取残された。

——私は柵 草紙《しがらみぞうし》（注・明治二二・一〇—明治二七・一一）以来の先生の文学とその性行について何とはなく沈重に考え始めようとした。恰《あたか》もその時である。一際《ひときわ》高く漂い来る、木犀《もくせい》の匂と共に、上野の鐘声は残暑を払う涼しい夕風に吹き送られ、明放した観潮楼上に唯一人、主人を待つ間の私を驚かしたのである。

私は振返って音のする方を眺めた。千駄木の崖上から見る彼《か》の広漠たる市中の眺望は、今しも蒼然たる暮靄《ぼあい》に包まれ一面に煙り渡った底から、数知れぬ灯火を輝し、雲の如き上野谷中の森の上には淡《あわ》い黄昏《たそがれ》の微光をば夢のように残していた。

鐘の音は長い余韻《よいん》の後を追掛け〳〵撞《つ》き出されるのである。……

荷風の歩いた、根津権現から団子坂の上へ出る道は、いまもほとんど変わっていない。ただ高台のがわのタケヤブはほとんどなくなっているが、そのころの木は大木となって空をおおい、いよいよ昼なお暗いといった感じである。

けれども荷風の書いている足下のガケというのは、団子坂うえに近い汐見小学校や中学のあるあたりに残っているだけで、そこは住宅、商家、製作所などのいりまじった、独特の物しずかな地域をなしている。

観潮楼上に聞く上野の鐘は、この町の上空に殷々《いんいん》と鳴りわたるのである。

鷗外のさいしょの夫人登志子、つまり森於菟《おと》さんの生母の墓は、観潮楼に近い駒込吉祥寺にある。墓は実家の赤松家の墓地の一隅に建てられてあった。それを知ったのは森於菟さんが高等学校にはいってからであった。

「私は不幸な生母の、後の夫の菩提寺にも送られず一人の幼男児（中略）と共に実家の墓地に淋しく埋められているのを一しおあわれに思った」と森於菟さんは実母について書いている。

この生母の墓にもうでたとき祖母が森於菟さんに初めて物語った秘話というのは、数年を経てすでに他家に再嫁した生母と、その遺児於菟さんを育てつつある祖母との、めぐりあいのことであった。それは観潮楼から遠くない根津権現であった。

鷗外の離婚

しばらくぶりで、また団子坂へ来てみると、七草粥の日に出かけた百花園の向島あたりとは、やはり土地の感じがずいぶんちがう。そういえば百花園には、渋く凝ったものの粋ともいうべき歌沢の初代芝金の碑があった。

幕末の嘉永・安政（一八四八―六〇）のころ、江戸の人々に〝はうた〟がよろこばれていた。そのなかから旗本の隠居、笹本金平（笹丸）がご家人の芝田金助と畳屋寅右衛門とともにいろんな流派のいいところをとって、新たな流派をつくった。

これを歌沢節といった。そして芝田は別に一派を立て、芝金と名のった。百花園にあるのはその碑である。当初の同好者は、遊びぬいた通人や、魚屋、火消し、妓女（ぎじょ）上がり、三味線ひきといった人たちであった。だから遊里気分をうたったものが多い。たとえば――

我がものと思えば軽き傘の雪、恋の重荷を肩にかけ、妹がり行けば冬の夜の、川風寒く千鳥啼く。待つ身につらき置炬燵、実にやるせがないわいな。

百花園は一方に黙阿弥の狂言塚があり、他方には芝金の碑があって、いまに江戸末期の町人生活を象徴しているともいえよう。――

芭蕉に

夏草やつはものどもが夢のあと

という句があるが、いつだったか森鷗外の観潮楼跡に立ったとき、ふと、この句を思い出したことがあった。もちろん鷗外が軍人（軍医総監）だったからではない。鷗外は明治二十三年九月、長男於菟が生まれた、その月に妻登志子と離婚しているところなど、かならずしも尋常なことがらではないだろう。年譜（現代日本文学全集）によれば、離婚のあと、つまり翌十月、千駄木町五十七番地に移ったことになっているが、森於菟さんの文章では、それが逆になっている。

登志子夫人――森於菟の生母――は海軍中将赤松男爵の長女で、海軍中将、子爵榎本武揚のメイにあたり、いわば里カタをカサに着たところが多分にあったのだろう。

あるとき、鷗外が役所から帰ると妻はその妹たちと外出して留守であった。小さい弟潤三郎と二人で膳につくと、自分と弟のお菜がちがっている。

女中にきくと「奥さまのおいいつけでございます」と答えたのが、鷗外を憤激させた。

「潤はおれの弟だ、なんと思っている」

と、声を荒らげたこともあった。

こんな憤まんがつもって、鷗外はある日突然、潤三郎をつれて家を出てしまった。次弟の篤次郎（三木竹二、劇評家）と三人、本郷区千駄木町五十七番地の借家をかりてそれにはいった。永住することになった同町二十一番地の観潮楼のまえの家である。

登志子夫人の父赤松男爵は、これを聞いて怒り、お気に入らぬ娘なれば引き取ろうと申し入れたのに対し、鷗外は、一議にも及ばず同意し、破談は直ちに成立してしまった。

つまり年譜では離婚の翌十月、千駄木町五十七番地に移ったことになっているが、森於菟さんの記述によれば、夫人に対する憤まんが積もって、いわば兄弟三人で家を追ん出てから離婚が問題になったわけである。むしろ家を出たこと自体が、離婚の直接のきっかけになったわけである。

この五十七番地は、観潮楼の二十一番地の近くで、そのあとに夏目漱石の住んだ家である。

森於菟さんが語る晩年の父についてのエピソードは、いまもなお団子坂のうえに亡霊のごとく鷗外の姿がうかんでくるかのようだ。

——鷗外は大正五年（一九一六）四月依願予備役となり、陸軍軍医総監、陸軍省医務局長の地位を去った。

一年半ほど東京日日新聞の客員となったが、紙上に史伝物を連載したあと、客員を辞し、大正六年十二月帝室博物館総長兼図書頭（上野図書館長）となった。（大正十一年七月九日没）

親子共謀の非合法

森於菟さんによれば、その次の年の夏であったと思うが、氏ははじめてドイツ語で一小論文を書いた。それを父に直してもらおうとすると、かねて自分が科学者になるよう熱望

していた父は、非常に喜んだが、

「お前がしげしげと来るとおかあさんがきげんを悪くするから役所へ来いよ」

と言った。そこで森於菟さんは毎日午前十一時ごろ、同じ団子坂の家のむねつづきに住んでいながら、父をたずねるのに、上野公園の博物館まで行った。親子共謀の非合法活動である。

この論文訂正が終わった翌々日の朝のことであった。

すでに結婚して別家したために、父の家を半分わけてもらって裏合わせに住んでいた森於菟さんの家の門口をあけて、父がはいって来た。いつも用があれば呼ばれるので、こんなことは例がない。おどろいて出てゆくと、こうし戸を半分あけた父はこれから出勤するところらしく背広服に手さげカバンをさげていた。

不安そうな目付きで森於菟さんを招く。

たぶん森於菟さんの家のものにも聞かせまいとの、心づかいである。そっとこうし戸の外に出ると、父は小さい声で
「おかあさんがたいへんおこっている。当分うちへ来てはいけない」

という。

「どうして」

「何、いってもいいのだが、きげんをわるくさせない方がいいと思って言わずにおいた。

きのうお前の論文ができたのであんまりうれしくて、つい日記に書いたら見られてしまったのだ」

鷗外は泣き顔と苦笑とをごたまぜにしたような、変にゆがんだ顔をしている。

鷗外はすぐうしろ向きになって、森於菟さんの家のこうし戸と門とのあいだ五、六間をトボトボあるいて、そっとくぐり門をあけて出て行った。

鷗外の散歩

いつごろであったか、大みそかに、いなかのまっ暗な夜道を帰ってくると、道ばたの一軒家から灯がもれている。戸のすきからのぞくと、おやじさんが、ソバ粉の練ったのを、丸い棒でさかんにのばしている。暗い奥のほうでは、おかみさんがカマドの火をたきつけて、ソバをゆでるしたくをしていた。これから子どもたちを起こして、年越しソバを食べるのだろう。——数十年後のいまもそれが妙に印象に残っている。いなか育ちのものには、ソバの花もなつかしい。

しんと静まりかえった日よりに、白一色にかがやくソバの花がタケヤブを背景に畑一面にびっしりと、もりあがるように咲いている。いなか道を歩いていると、思いがけなくそれが、はるばると遠くから見えてくるのは、郷愁をそそる。

かれんなべニ色の細い茎が——花のかげになって見えないけれど、大地に密集している、けなげなさまも目にうかんでくる。

年々歳々、大みそかには必ず年越しソバを食べ、ラジオで全国にわたる、さまざまな音色の除夜の鐘を聞くならわしになっている。そのせいか、暮れ近くになると、子どものころ、いつまでも、うっとりと見つめていた小春日和のソバの花を、しきりに思い出す。どこにいるのかわからなくて、何かの旋律のように、畑一面にかすかにこもったハチのうなりに耳を澄ますのである。

団子坂は、菊人形とのつながりもあってか、ずいぶん古くから、ソバとは縁のふかいところであった。

この土地の古い人たちは菊人形づくりだった浅井さんにしても、鷗外がウマに乗って出勤する話をよくする。ネコ背でね、と遠慮深げに、つぶやくような調子に、いかにも地元らしい親しみが感じられる。あるいは、じっさいにネコ背だったのかも知れないが、また、手綱をゆるめたまま、散歩にでも出かけるように、ぽくぽくと楽に乗っている格好は、軍服でも、自然にネコ背になるのではないかしら。そんなところに、鷗外の一面が想像される。

鷗外ほどよく散歩した人は、永井荷風の独特な散歩は別として、明治から今日まで文学者ではほかにないだろうと思う。作品のうえでも『舞姫』の豊太郎がドイツ留学中に踊り子のエリスと結ばれる機縁となったのは、ある秋の夕暮れ、散歩に出たベルリンの裏町の教会の前であった。

『雁』になると、全体の骨組みが散歩のうえに成り立っているといってもいい。そのさいごのところは、岡田の不忍池に投げた石が、ガンにあたって死ぬ。石原がそれを食べようというので、暗くなるのを待って石原が池にはいってとって来て、「僕」と三人で石原の下宿へ行って料理することになる。

岡田の外とうがいちばん大きいから、その下にガンを入れて、二人が両側からまもって、無縁坂下の四つつじにある交番にさしかかる。石原が警戒してさかんにしゃべりまくる。

そのとき「僕」の目は、坂の中ほどに立って、こっちを見ているお玉の姿を認めて「僕」の心は一種異様な激動を感じた。お玉は自分の家より二、三軒先へ出迎えていた。「いつも薄紅《うすくれない》に匂っている岡田の顔は、たしかに、ひとしお赤く染まった。そして彼は偶然帽を動かすらしく粧って帽の庇に手を掛けた。お玉の顔は石のように凝《こ》っていた。そして美しく睜《みは》った眼の底には、無限の残惜しさが含まれているようであった。

僕は今一度振返って見たが、もう女の姿は見えなかった。──」

岡田はそのすぐあと、ドイツ留学の旅に立つ。これが無縁坂の高利貸しのメカケお玉と岡田との物語の結びである。……

「坊主、散歩しよう」

鷗外の長子森於菟さんは父に連れられて散歩した少年時代の思い出を書いている。

――記憶に残っているのはやや大きくなって小学生の私が夕方屢々父の散歩のお伴をしたことである。

春や秋は紬《つむぎ》の袷、夏は白い絣《かすり》の帷子《かたびら》で白縮緬《ちりめん》の兵児帯、よく白足袋をはいた。いつも握りの丸いステッキをついてたばこ（多分葉巻）を手にもっている。

「坊主、散歩しよう」

といってずんずん出て行くのを、小さい私は帯を祖母にしめ直して貰い、駒下駄をつっかけて追っかけるのである。

白山から森川町へかけて夜店の出る頃で、一軒一軒面白そうに見てあるく。めったに玩具や絵本などを買ってはくれない。父はことに子供のよみものにはやかましく、仮名づかいのまちがった本などを与えることを好まなかったのである。少年世界や小波のお伽噺など欲しくてたまらないのを私は父の気をかねてねだらずにあとで祖母に買ってもらった。

父はこの散歩で冗《むだ》な物を買わずに街の景物を観察して楽しむことを私に教えた。

古本屋に必ず立寄る。どこの店の主人とも馴染になっていて店先に腰かけて話しこむ。そして古い汚い本を山のように持出して見せるのを一々選り分ける。

私は退屈でたまらぬからその間、近所の金魚屋や絵草紙屋の店で遊んでは時々父の方を見て立上るのを待つ。それが夜店であると父は往来端に蹲《かが》んで本をさがす。……——父は散歩の時疲れるか或は少しその辺を眺めようとすると、いつでも道ばたに蹲《しゃが》みこむ。

御ていねいの場合は両方の下駄をぬいで二尺ほど離して平行にならべ、一方に腰を下ろし、他の一つの方に膝をかがめた両足をのせ、片手でステッキをついて身を支える。どうもその恰好がいざりのようで私はみっともなくてたまらない。「お父さん、早く行こうよ」といってても父は平気である。にこにこ笑ってわざとゆっくり葉巻の烟をはきだす。私も仕方なくその真似をして「親子いざり」が白山の坂上などで、その頃はネオンサインもない薄暗い町を見おろしながら夏の夜風に吹かれていた。……

いまはこういう散歩は、したくてもできないだろうが、鷗外は散歩のほうでも、やはり権威であったといえそうである。

観潮楼

団子坂をのぼっていったのはもう暗くなってからであった。坂うえの、左から七、八軒めに、千朶書房という本屋がある。

ガラス戸が一枚あいているだけで、カーテンがさがっている。カーテンのすきから、そっと店のなかを見ると、正面に千朶書房という額がかかっている。本ダナはからっぽで、がらんとした片すみに鷗外全集が積んであるだけ。

正面の座敷のあがり口の、左がわの本ダナに、ダビンチだったかの、小さな額にはいった絵や、ツボ、ビンなどがある。その左すみに、石コウの鷗外胸像が白くきわだって見えた。

森鷗外の末子、類さんの本屋である。

店をよしたのだろうか。荒涼とした感じで、やはりたずねにくい。手まえの、観潮堂という骨董店とのあいだをはいっていくと、広場はすっかり暗くなっている。書店の裏庭にあたるところに、大木が根株を掘りおこされたまま、横だおしになっている。

広場のヤミをすかしてみると前方のすみに、隣家のヘイを背にして、類さんの店にあったのと同じ胸像が白々と見える。広場には大きな木が一本と、すべり台がひとつ立っているだけである。

これが明治二十五年（一八九二）鷗外の三十一歳の一月から没年の大正十一年（一九二二）七月まで観潮楼と号して三十一年間住んだ跡である。

森於菟さんが大正十三年、欧州の留学から帰った、その翌年の暮れ、この家を去ることになってからは、観潮楼は貸し家になった。

ところで昭和十二年八月十一日の新聞に「千駄木の火事」と題する記事がのった。それはわずか一段八行、約三センチ四方ばかりのスペースのものであった。「十日夕四時半頃本郷区駒込千駄木町二〇一製薬業〇〇〇〇方階下八畳間で同家次男〇〇（二五）がアルコール壜の栓を蠟燭で封じようとした際中味のアルコールに引火、二階建同家を全焼、隣家三戸を半焼した。その際〇〇は大火傷」

新聞には鷗外の旧居のことには一言もふれていなかった。これが観潮楼のさいごであったとは、もちろん、だれにもわからなかったであろう。当時台北にあった森於菟さんは書いている。

「私は観潮楼焼失の詳報を受取った夜、誰にも語れぬこの思いに堪えかねて、樺山町の寓居をさまよい出で、折柄月も星もなき暗き夜の街をあてもなく台北駅の方へと早足に歩いた。『今の世は、観潮楼の亡ぶにも、悲しむ人も、なき世なり……』詩とも歌ともつかぬきれぎれの文句をブツブツつぶやきながら」

「市役所の角まで来た私は、更に感情の爆発を支えきれず、右手に黒々と聳える七星山をのぞんで四辻を右へ、『ワーッ』と獣のような叫びをあげながら、深夜の御成街道をまっしぐらにかけて行った」

この火事のとき、東がわのがけに沿う道に面した冠木門《かぶき》と、それにつづく籠塀《かごべい》だけは、わずかに残ったが、それも戦災のために消失して、ここに観潮楼はあとかたもなくなった。

そこで鷗外の妹、小金井喜美子さんの、ここへ移ることになった当時の思い出を聞こう。

「それまで千住で郡医などをして居た父は年も老いたので、兄と一緒に住むためにと、父母連れ立って地所を探して歩いた時、団子坂の崖上の地所が目に止ったのです」

「団子坂はその頃流行の菊人形で、秋一しきりは盛んな人出でしたので、父も人に誘われて見に来た事もありましたし、近くに『ばら新』という、有名な植木屋のあるのも知っていたのです」

「その地所には板葺の小屋が建って居ました。そこに立ちますと、団子坂から、蛍の名所であった蛍沢や、水田などを隔てゝ、遥かに上野谷中の森が見渡され、右手には茫々とした人家の海のあなた雲煙の果に、品川の海も見えるのでした」

「その眺望に引きつけられて、幾度も来て見るごとにいよいよ気に入ったので、近い平坦な太田の原から、兄を連れて来て取極めたのでした」

図書館に鷗外しのぶ

広場から、このがけに沿うた道に出て、坂うえのかどを左へ曲がってまた千朶書房のまえにもどって来た。折りよく店のおくの、座敷のかげから奥さんらしい婦人が出てきたので、書店はおやめになるのですか、とたずねてみた。それではじめて、観潮楼あとに区立鷗外記念図書館のできることを知った。

来年（昭和三十七年）の誕生日（二月十七日）までにはどうしても間にあわぬので、命日の七月九日までには何とかしてと、いわれるのであった。

読売新聞の都民版（中央版）（昭和三六・一〇・三一）の報ずるところによれば、鉄筋コンクリートの地上三階、一部地下一階の約千十平方メートル、二、三階が閲覧室、二百人くらい収容、図書は約二万五千冊、ほかにホール、書庫、児童閲覧室など。設計は谷口吉郎東京工大教授。廊下に碑石、ホールに鷗外の胸像、陳列室には遺品がおさめられる。

この廊下、陳列室のあたりが観潮楼の跡にあたり、陳列室のまえには、大イチョウを残して鷗外をしのぶことにする。

数日まえ、観潮楼をたずねると、千朶書房は家屋の解体がまさに終わらんとするところ。その音は耳をろうするばかり。

たちまちトラックにさいごの古材木を山と積み、どこかへ走り去った。隣の骨董店、その名も観潮堂の主人は、私と並んで立っていたが、荷作りが終わって、まさに発車しようとするとき、私のわきからさっと出て行って、もう一度トラックのうしろのかけ綱をちょっと確かめるような仕草をしたのであった。

トラックは走り去った。瞬間、わたしのまえから観潮楼の遺跡そのものが消え去った。

類さんはどちらへ、と私はたずねた。店の主人は即座に、杉並区今川町一五、と、そらで教えてくれたのである。

二　団子坂

谷中の森は緑濃く

団子坂をのぼっていくと、途中から坂が急になる。その手まえの左がわにフロ屋があった。それは洋館まがいの、一風変わった建て物であった。

私たち『驢馬』同人の三人は、あてもなくあちこち歩きまわってくたびれたので、どこかでお茶でものんで休もうとしたが、三人ともそれだけの金をもっていない。そこでこのフロにはいることになった。

お昼ごろのことで、まだ番台もいない。森閑としている。流し場はからからにかわいて、高い窓から真昼の日がいっぱいにさしこんでいた。湯ぶねは青々として、かすかに湯気があがっている。まるで私たちはちん入者であった。

「こういうのが湯をもむというんだね」

さきにはいったひとりが、熱いものだから、がばがばやりながらこんなことをいう。三人がはいると、かわいた流し場は湯がざあざあふれ出て、日の光にきらきらとぬれていく。

私たちはすっかり喜んでしまって石ケンも手ぬぐいもないことなどとんぢゃくしなかった。

「フロへはいる散歩もいいなあ」

ひとりのジの悪いのが、すっかり安心したようにいう。けれども石ケンも手ぬぐいもなくては、まったく手持ちぶさたである。

ひとりが湯ぶねの横の戸を押してみると、そこに上へのぼる狭い階段があった。それは途中から曲がっている。そうっと足音をしのばせてあがっていくと――どうなることかと思ったが――とうとう屋上に出た。大発見である。

小さなビルの屋上とかわりない。そのころはビルの屋上など、まだめずらしかった。それが裸体をみとめるフロ屋の屋上だから、すっかり有頂天になってしまった。

「おお、原始のわれら！」

指呼の間に谷中の森が見える。

森はシイの花の、らんまんたるさかりである。まっ黄色に森をおおい、晴れわたった青空のただ中に光りかがやいている。

まったく五月の陽光の供宴である。

林芙美子は『放浪記』のなかで、シイの木の下を自転車で通りすぎたとき、性液のにおいがしたと書いているが、この真昼の「供宴」の壮観を、まのあたり見たことはないだろう。

ひとりが気どって言った。

「おお地上のものよ」

森のうえには、ひっそりと五重塔が見え、深山のような趣をそえている。

はるか東南のかなたに目をむけると、本郷と上野との台地のあいだの谷あいが、根津から不忍池の空あたりにむかって、ずっとひらけたところに、松坂屋の高いビルが見える。そのビルのかなたにじっと目をすえていると、東京湾の青い水がすぐそこに見えてくるような気がしてくる。

根津、谷中あたりは、古くから上野の美術学校の学生たちの独特の伝統があった。

室生犀星の『団子坂』の詩に「つねにつねにカンヴスを破りつねにつねに悪酒に浸れるわが友は」とうたわれているように、夜ともなれば、どこかから美校生たちの「月夜の晩にあれした奴は……」の歌が聞こえてきそうだ。

菊人形

団子坂のもとの名は汐見坂であったそうだが、坂の中途に、ダンゴを焼いて売る茶店があったので、こう呼ばれるようになった。

この団子坂の菊人形については、岡本綺堂の『半七捕物帳』の「菊人形の昔」にこんなふうに語られている。

「団子坂の菊人形、あれは江戸でも旧いものじゃあありません」

「一体江戸の菊細工は――文化九年の秋、巣鴨の染井の植木屋で菊人形を作り出したのが始まりで、それが大当りを取ったので、それを真似て方々で菊細工が出来ました」

「明治以後は殆んど団子坂の一手専売のようになって、菊人形といえば団子坂に決められて仕舞いましたが、団子坂の植木屋で菊細工を始めたのは、染井よりも四十余年後の安政三年だと覚えています」

「その頃の団子坂附近は、坂の両側にこそ町家が列んでいましたが、裏通りは武家屋敷や寺や畑ばかりで、ふだんは田舎のように寂しい所でしたが、菊人形の繁昌する時節だけは江戸中の人が押掛けて来るので、大へんな混雑でした」

臨時の休み茶屋や食べもの店ができ、カキや、ススキでできたミミズクなどのみやげ物を売る店も出た。

すると菊人形の歴史は、明治維新（一八六八年）から染井の文化九年（一八一二年）にさかのぼると、五十六年まえということになる。

団子坂の人形は安政三年（一八五六）だから、維新からわずか十二年まえのことになる。

文化九年といえば、滝沢馬琴や大田南畝はいちおう別としても、式亭三馬や十返舎一九などの活躍した、いわば化・政度の戯作文学全盛の時代であった。

浮世絵では、歌麿は文化三年（一八〇六）になくなったが、鳥居清長があり、芝居では四代鶴屋南北の「お染久松色読販」（おそめひさまつ・うきなのよみうり）などが、文化十年三月江戸森田座に初演されている。

ところで団子坂では、文久元年（一八六一）九月、忠臣蔵の菊人形が大評判で、繁盛したとつたえられている。

そこで思い出されるのは、このころの相次ぐ血なまぐさい事変である。

忠臣蔵の菊人形が大評判だった、その前の年の、安政七年三月には、井伊大老が桜田門外に水戸浪士らの刃にたおれた。またその大評判の翌年の、文久二年一月には、老中安藤信正が、同じく水戸浪士らのために傷ついた。幕末の、物情騒然たる切迫した空気のなかに、江戸市民はけんらんたる花の衣裳の英雄に、かえって、いっそうこころひかれたのであろうか。

『浮雲』にみる菊見

では、二葉亭四迷の『浮雲』第二編の冒頭に書かれた、団子坂の菊見（上、下）は、いったい明治何年ころのことだろうか。

主人公の文三は、年齢二十二、三歳となっているが、母ひとり静岡に残して、亡父の実弟にあたる叔父をたよって上京したのは、明治十一年、十五歳になった春のことである。

すると現在の二十二、三歳までに、七、八年たったわけで、この菊見は明治十八、九年のころということになるであろう。

——日曜日は近頃に無い天下晴れ、風も穏かで塵も起たず、暦を繰て見れば、旧暦で菊月初旬《はじめ》といふ十一月二日の事ゆゑ、物観遊山《ものみゆさん》には持《もつ》て来いと云ふ日和《ひより》。午後はチト風が出たがます〳〵上天気、殊には日曜と云ふので、団子坂近傍は花観る人が道去り敢へぬばかり。

イヤ出たぞ〳〵、束髪も出た島田も出た、銀杏《いてふ》返しも出た丸髷《まるまげ》も出た、蝶々髷も出たおケシも出た。

○○会《なになにかい》幹事、実は古猫の怪といふ、鍋島騒動を生《しよう》で見るような「マダム」某《なにがし》も出た。芥子《けし》の実ほどの眇少《かわいら》しい智慧を両足に打込んで、飛んだり跳たりを夢にまで見る「ミス」某《なにがし》も出た。

お乳母《うば》も出たお爨婢《さんどん》も出た。

ぞろりとした半元服《はんげんぷく》、一夫数妻論《いっぷすさいろん》の未だ行はれる証拠に上りさうな婦人も出た。

イヤ出たぞ出たぞ、坊主も出た散髪《うち》も出た、五分刈《ごぶがり》も出たチョン髷も出た。

天帝の愛子、運命の寵臣、人の中の人、男の中《なか》の男と世の人の尊重の的、健羨《けんせん》（注・非常にうらやむ）の府となる昔所謂《いわゆる》お役人様、今の所謂官員さま、後《のち》の世になれば社会の公僕とか何とか名告《なの》るべき方々も出た。

商賈《しようく》も出た負販《ふはん》（注・物を負いて売り行く）の徒も出た。

人の横面《そつぽう》を打曲《はりま》げるが主義で身を忘れ家を忘れて拘留の辱《はずかしめ》に逢いそうな毛臑《けずね》暴出《さらけだ》しの政治家も出た。

猫も杓子《しやくし》も出た。

人様々の顔の相好《すまひ》、おもひ〳〵の結髪《かみかたち》風姿、聞観《ぶんと》（注・見聞）に聚《あつ》まる衣香襟影は紛然雑然として千態万状、ナッカなか以て一々枚挙するに遑《いとま》あらずで、それに此辺が狭隘《せばい》ので尚ほ一段と雑沓する。

そのまた中を合乗《あいのり》で乗切る心無し奴《め》も有難《ありがた》の君が代に、その日活計《ぐらし》の土地の者が、摺附木《マッチ》の函を張りながら、往来の花観《み》る人をのみ眺めて、遂に真《まこと》の花を観ずに仕舞ふ歟《か》と、おもへば実に浮世はいろいろさまざま。

さてまた団子坂の景況は、例の招牌《かんばん》から釣込む植木屋は家々の招きの旗幟《はた》を翩翻《へんぽん》と金風《あきかぜ》に飄《ひるがへ》し、木戸々々で客を呼ぶ声は彼此《かれこれ》からみ合《あつ》て乱合《みだれあつ》て、入我我入《にふががにふ》でメッチャラコ、唯逆上《のぼせあが》ッた木戸番の口だらけにした面《かお》が見える而已《のみ》で、何時《いつ》見ても変ッた事もなし。中へ這入ッて見ても矢張りその通りで。……


ところでさいきんPRの時代の波にのって、あちこちに菊人形がみられるようになったのは、それが騒音の外に、静かな復古的魅力でもたたえているのだろうか。

団子坂余話

団子坂の菊人形のことを書いたところ、その菊人形をつくった人が、たった一人、いまもいることがわかった。その人の話を聞きなさいと、坂うえの観潮堂主人が案内してくれた。

坂をのぼって右がわのなかほどに、今晩軒という食堂がある。戦前は、この店はソバ屋であった。店のかまえは少しも変わっていないようだ。店の入り口のすぐ右側に茶室趣味の門がある。これもソバ屋当時のままである。

ところが、そのまた右並びに同じような門がある。どちらもぴたりとしまっていて、自動車のゆききのはげしい坂に面してここだけは、しんと静まりかえっている感じである。右がわの門には浅井正夫という表札がかかっている。観潮堂主人はその門をあけてはいっていく。左がわの隣の庭とのあいだは、石山で自然の境をなし、右がわは密生したシノ竹がつづいている。

大きな自然石を組んだ急な段々をのぼると、広い平地の庭になり、左手に母屋（おもや）がある。玄関へまわらないで、母屋の庭に面した縁側から座敷へ通される。

老主人は明治十六年生まれ、七十八歳。おりあしくカゼをひいてやすんでいたが、床のうえに起きあがった。話すほどにホオがあからみ、声に力があって、とても八十近い歳（とし）とは思えない。

　実父の大西清三郎は、貧乏な旗本の出身、植木職となって種半（たねはん）といい、長子もまた同じ職の、植半（うえはん）といった。ここのおじいさんはその二男に生まれ、本家が染井にある植梅（うえうめ）をついだ。

　旗本育ちの親子三人が、江戸の郊外にあたる団子坂や染井で、こうしてともに植木職をやっていたところに、維新後の有為転変の世相の一端がうかがえるように思われる。

　しかもこの旗本の二男坊浅井さんが、美校出（二十六歳で卒業）――上野の美術学校鋳金の出身――のキク作りであったところに、やっぱり氏素性《うじすじょう》の争えぬものが、眼前になまなましく感じられるのである。

　なお坂の向かいがわに、おじいさんの弟さんの大西次郎さんが、悠々自適していることを思えば、いっそうその感が深い。おじいさんが菊人形をやっていたころは、この植梅に、植宗（うえそう）と植重（うえじゅう）の三軒が有名であった。

　ところが明治四十二年（一九〇九）に、両国に国技館ができた。――フランス文学の辰野隆さんの父辰野金吾が設計したもの――当時は梅ケ谷と常陸山両横綱の全盛時代で、相撲の人気はあがるいっぽうであった。

　菊人形も国技館のほうへお株をとられてしまうだろうと、見とおしをつけたものか、

――とにかく菊人形はもうダメだというので、おじいさんの養父は、明治四十年あたりからソバをはじめた。

それからも二、三年は菊人形をやっていたが、とにかく文久元年の秋、忠臣蔵の菊人形で大評判をとった植梅も、ここに幕を閉じた。これが菊人形の菊にちなんだ菊そばのはじまりで、その後、養父がなくなり、おじいさんが自分で買い出しに行くようになってから、店をそのまま人に貸した。ところがその人は、終戦直前に借りた道具一式まで無断で売りはらって、いなかへ引っこんでしまった。そのあとが現在の食堂になったというわけである。

何も知らぬものが、この大衆食堂へはいったら、なんとなく勝手がちがうような感じがするにちがいない。たとえば、木口（きぐち）はすべて、スギの皮をむいたままで、カンナが全然かかっていない。

食堂の右どなりの、門の作りも、そこから奥へ通じる庭への道も、いったん左へ折れて坂をのぼった高いところにある茶室ふうの離れも、おじいさんの本宅のほうと、まったく同じ趣向で、大きな石が、狭いところに自由に、ふんだんにつかわれている。この離れで、おじいさんは菊人形を作ったのである。

ある日、団子坂を通りかかったとき、食堂と反対がわの歩道に立ってみると、門の屋根のかなたに、昔のままの離れが見えた。軒さきに、黄色いダイダイが日に光っている。まだ戦争がはじまらぬころ、友だちと、この離れでソバをとって、よく長いこと話をしたものである。

おじいさんの話では、子どものころは、ソバが大きらいだった。ところがうちの台所と背中あわせに、ソバ屋があった。だからカキ根ごしに、ソバをくれと言った。それでいつのまにかソバが好きになったという。このソバ屋が、藪（やぶ）の元祖の蔦屋である。このあたりは、どこということなく、実にヤブが多かったようだ。蔦屋も、まわりにヤブがあった。そこでいつのまにか、蔦屋を藪そばといい、その元祖となったわけ。

ソバのことを書いた本に、藪そばは坂にむかって左がわにはいったところにあった、としるされているのをみたが、これは大正時代に、坂の左へはいったヤブの多いところに、やはりソバ屋があったから、それのまちがいではないか、というのが、上野仲町の藪そばの主人の考えである。あるいは右のミス・プリントだったのかもしれない。

蔦屋は――上野仲町の主人によれば――明治四十年に、主人のおじいさんにのれんを分けて廃業した。これが神田淡路町二丁目の、かんだの藪。それから大正のはじめに、そのむすこが浅草の並木の藪を、そのまたむすこが上野仲町に、昭和二十九年にはじめた。

この三軒が現在、藪そばの正統というわけ。仲町の主人によれば「藪そば」の「藪」を漢字の隷書《れいしょ》で書き「そば」を平がなで書いたのが、正統のしるしである。

団子坂下柳通り

団子坂下から都電をわたってまっすぐに谷中のほうへ行く町は、ちょっと印象的な商店街である。歩道があって、手入れのゆきとどいたヤナギ並木が続き、モダンなデザインの街灯がそのあいだに立ち、ケイ光灯の澄んだ光が梢をくまなくうつし出している。ここまでが文京区にはいり、「団子坂下柳通り」といっている。

近くに花柳界でもあるようないきな感じともちがい、すっきりとして、歩道までごたごたと品物を並べてるような店も見当たらない。まだ寒いせいか、宵の口なのに人通りも目立たない。自動車もめったに通らない。

谷中にむかって歩いていくと通りはいつかさびれて急な坂になる。両側は坂上にかけて二階建てのしもた屋が宵やみのなかにつづいている。どこの家からも灯さえもれてこない。門も塀もなく、こんな広い通りにむき出しになってぎっしり並んでいるのが、なんだか奇異の感じさえした。商店街の続きだとは、とても思えない。すぐ先の谷中の墓地が気味悪くなったわけではないが、早々に明るい商店街へもどって来た。

電車通りへ出るすぐ手まえを左へはいると、左がわに染め物屋さんがある。畳を敷いた広い店のまんなかで、主人は机にむかって帳づけをしていた。おかみさんも出てきて、千駄木町会会員名簿というのを見せてくれた。この刷りものに町名の由来という文章がのっている。

「昔このへんすべて雑木の林にて薪を伐り出し、一日およそ千駄にもおよべるを以って称すると土人いえり……」とか、二、三の説をとりあげ、その終わりに次のような挿話が書かれている。

「慶安三年（注・一六五〇）十二月四日、将軍家光王子千駄木辺に狩し、千駄木に於て五尺六寸の巨猪を獲たり、と言うから当時の千駄木は相当の深林地帯であったこと確かである」

　家光は慶安四年になくなっているから、これはそのすぐ前の年のことである。

　おかみさんは小学一年のときから、団子坂の上の右へはいった駒込林町で育った。まだ光雲さん（注・高村光太郎の父、彫刻家）がじょうぶなころで、白毛のひげをはやしたおじいさんが、白いネルのおこしを胸までして、裸で庭そうじをしているのを見たと、なつかしそうにいう。

　この商店街は昭和二、三年ごろまでは狭かった。それまでは夏目漱石の『三四郎』（明治四一・九―一二）に出てくる藍染川があった。石橋もあった。

　団子坂から本郷肴町に出ると右かどが住友銀行で、その隣に映画館があった。松井翠声、生駒雷遊、徳川夢声などがよく来た。おかみさんはこの活動写真（映画）の弁士たちを活弁活弁といって楽しそうに話す。そのころ活動をよく見ましたか、とたずねるまでもなかった。

野菜洗った藍染川

このかどの一帯はヤッチャ場（青物市場）であった。

つまり、おかみさんや主人の話というのは、このヤッチャ場へ出す野菜のことである。駒込神明町の都電の車庫の向かいがわを田端のほうへはいって、一丁ほど行くと、高台のスソに沿った道にぶつかる。

そのすこし手まえに小さな土橋がある。橋の左手まえが旅館、先が八百屋で、小さいけれどもやた橋といっていた。八百屋のがわの大きなシイの木が川のうえに暗くおおいかぶさっていた。

農家の人たちは、藍染川のこの辺で野菜を洗って、それから肴町のヤッチャ場に運んだというのである。

室生犀星は大正五年七月、本郷千駄木町からこの旅館の裏の一部屋きりの離れに越して来た。第一『愛の詩集』（大正七・一）のなかの、郊外の畑の土をぬらしてしめやかな雨の降る情景をうたった詩などは、すべてここで書かれたものであろう。

肴町のヤッチャ場は、震災後まもなく神田市場へ移った。市へ出す野菜を洗った藍染川も、昭和二年ごろには埋め立てられてしまった。団子坂下柳通りもそれまでは狭い町であった。震災のあと改正道路がさかんにできたころである。

観潮楼をめぐって

森於菟さんは、団子坂のうえにあった生家の、観潮楼の思い出のなかで、こういうことを書いている。

「又ある冬の夜であった。近火を知らせる『三つばん』に驚かされた私は、ねまきの上に羽織を着せられて祖母と女中につれられて二階に上った」

「雨戸を開くと冷たい暗闇に鮮かな火の柱がついそこに見える。然しそれは楼とは大分隔たった谷中に当時あった牧場で、牛小屋の柵がパチパチ音を立てて燃えるのがきこえるようであった」

「黒い煙が上るかと思うと、それを追いかけ追いかけ紫の焔、紅の焔が一団一団と立ちのぼり、煙にまじって火の粉が花火のように飛んだ」

「火焔の間を縫って牛の黒い影が躍り狂っている」

「私は祖母と女中の間に割込んで両手を筒袖に入れたまま手摺にもたれ、いつまでもその壮観に見とれている」

森於菟さんは鷗外の長子、明治二十三年の生まれであるから、里親のところから実家へ帰って来た五、六歳のころとすれば、この谷中の火事は明治二十八、九年ごろということになる。

とにかくそのころは、谷中のあたりにも牧場があったわけである。

二葉亭と菊人形

団子坂の菊人形は、二葉亭四迷の『浮雲』(第一編＝明治二〇・六)の第二編(明治二一・二)の冒頭に「第七回　団子坂の観菊《きくみ》　上」と第八回の「下」にわたって書かれているが、その後いつごろから催されなくなったのだろう。

坂をのぼって中ほどの右がわにある大衆食堂の老主人は、国技館のできるまではあったという。つまりその後は国技館で催されたわけである。

「では国技館はいつごろできたんでしょう」

「さあ……」

というわけで、後に相撲博物館というのがあることを知って、そこで教えられたところによれば、両国の国技館(注・現在は日本大学講堂)は明治四十二年夏場所からで、その後三回くらい改築されているという。

それ以前は、回向院の露天で行なわれていた。

このごろは多摩川や谷津遊園地などでキク見がさかんになってきたが、キクのころとなればやはり昔からキク作りで知られた巣鴨、染井、寺島の百花園などが思い出されるのである。

三四郎と美禰子

夏目漱石の『三四郎』に、三四郎と里見美禰子ら五人が団子坂の菊人形を見に行くところがある。

美禰子は気分が悪くなって、小屋の人の渦から表へ出てくる。三四郎もあとからついて出る。

「どうかしましたか」

彼女は人ごみのなかを谷中の方へ歩き出した。

「何処か静かな所はないでしょうか」

藍染川に沿うて、町を左へ切れるとすぐ野に出る。美禰子の立っているところは、この小川が、ちょうど谷中の町を横切って根津へ抜ける石橋のかたわらである。

二人は石橋を渡って左へ折れた。人家の路地のようなところを行きつくして、板橋をこっち側へ渡り返して、しばらく川の縁をのぼると、もう人は通らない。広い野である。

一丁ばかり来ると、また橋である。一尺に足らない古板を造作なく渡した上を、三四郎は大股に歩いた。向こうにわら屋根がある。屋根の下が一面に赤い。近寄って見ると、トウガラシを干したのであった。

「美しいこと」と言いながら美禰子は草の上に腰をおろした。二人の足の下には小さな川が流れている。

「少し寒くなった様ですから、兎に角立ちましょう。冷えると毒だ。然し気分は悉皆直《すっかり》りましたか」

「え丶、悉皆直りました」立ち上がるとき、ひとり言のように
「迷える子《ストレイ シープ》」（注・ヒツジ）と長く引っ張って言った。

やがて彼女は三四郎とではなく兄の友だちと結婚し、『それから』『門』への運命をたどるのである。

漱石の旧居

夏目漱石の旧居——文京区駒込千駄木町五七——が、昭和三十七年二月十三日、都の旧居指定を解除され、近いうちにとりこわされると聞いたので、とりあえず散歩の足を浅草から千駄木へのばした。
観音裏から根津宮永町ゆきのトロリーバスに乗り、谷中町停留所で降りて右へはいり、団子坂下へ出る。めったに通らぬ、こんなコースをとってみるのも、ただそれだけでよそゆきのような新鮮な感じがする。

団子坂をのぼると、左がわに森鷗外記念館（図書館）、本郷肴町に出る手まえの右がわに、駒込中学と高等学校がある。その向かいを左へはいった通りは、根津権現の横の広い坂に出るが、その出口の左の一角に日本医科大学がある。漱石の旧居は、その医大の少し手まえの右がわにあった。

記憶に誤りがなければ、日本医大は、検定試験を必要としない私学の医者の学校としては、さいしょのもので、創始者は長谷川さん、創立は明治二十年代、はじめは済生学舎といった。だから漱石がここへ移ってきたころは、すでにこの学校はあったわけである。

漱石は明治三十三年（一九〇〇）九月、イギリスに留学、三十六年（一九〇三）一月帰国、三月、この旧居にはいり、三十九年（一九〇六）十二月、本郷西片町に移るまで四年近くここに住んでいた。

漱石は明治二十八年（一八九五）四月、四国の松山中学に教諭となって赴任し、つづいて第五高等学校（熊本）に在職中に留学したので、三十六年三月、この旧居にはいったのは、漱石にとって実に八年ぶりの東京生活であった。

また五高に赴任して、その地で留学するまえに結婚（明治二十九年）したので、東京での、いわば旅先でない結婚生活は、この旧居ではじめて営まれたわけである。

この旧居は玄関をはいったところが二畳、その左手に六畳、そして玄関の二畳から奥へ南に面して廊下がつづき、廊下にそって右がわに八畳、その次が十畳、この奥の十畳の右どなりが八畳の居間になっている。

これは旧居の、あらましの見取り図で、現在も少しも変わっていない。庭の西南のすみに小さな家が建っているが、これは現在の住人がさいきん、むすめむこさん夫婦のために建てたもので、これだけが漱石のころと変わっている。

玄関の左手の、カギ形に南へ出ばっている六畳が、漱石の書斎であった。『吾輩は猫である』（明治三七・一二―三九・七）が書かれたのは、ヘイをへだててすぐ通りに接したこの部屋であった。

『猫』の誕生

こんにち伝えられているところによれば、俳句の高浜虚子や河東碧梧桐らの文章会「山会」で朗読するため、漱石がはじめて創作にとりかかったのがこの作品で、そのさいしょの部分は、三十七年十二月のこの会で、高浜虚子が朗読するという形で発表された。

虚子が朗読したというのも、漱石の、この書斎だったろうか。

この『猫』のモデルは、小説に書かれているように、太田の原の笹のなかに書生に捨てられたネコではなく、実際は、医大のかどのウナギ屋（柏木）からもらったネコである。

斎藤家の当主斎藤文根（六六）さんは、漱石の友人の歴史学者、斎藤阿具博士の長子、元陸軍少将相当官のエンジニアである。この家は明治十年代に建てられたもので、もう住めなくなった。新しい家を建てるよりほかはないから「旧跡指定」を解除し、処分させてほしいと、都の文化財保護委員会に申し出たわけである。

漱石旧居といっても、また漱石は父の斎藤阿具博士の友人であったとしても、やはり一店子（たなこ）にすぎないわけである。

「拝啓　かねて願上置候塀愈あやしく相成候どうか仕末をしてくれ玉え。僕のうちに先日赤痢が出来た故僕奮発して水道をつけたり。代金十八円也此水道は君に寄附仕るから塀を直してくれ玉え」（明治三九・一一・七）

漱石は明治三十九年十一月七日付の手紙で、家主としての「第二高等学校斎藤阿具」あてに、一店子としての立場を堂々と示している。その大家さんに対して、漱石の気もしらないで、これまでの店子としての立場を、都《と》は「旧跡指定」の法律のために忘れていたのではないか。

この家はまた、森鷗外が長男於菟さんの生まれた月（明治二三・九）に妻登志子と離婚して、翌十月弟潤三郎さんと共にいったんこの漱石の家に移り、それから現在の観潮楼跡に住むことになった。——そういう鷗外の生涯における意味深い瞬間を語る「旧跡」でもあって、鷗外記念館の事業の一部にもならねばならなかったのではないか。（注・その後漱石の旧居はそっくり解体して三河の旧犬山城跡に移された。）

三　吹上坂

啄木臨終の地

石川啄木は明治四十五年（一九一二）四月十三日になくなった。東京や出身地の岩手などでは五十年祭がおこなわれるようである。五十年祭にあたって、まず思い起こされるのは、若山牧水の『石川啄木の臨終』という文章である。

「小石川の大塚辻町の畳職人の二階借をして住んでいた頃である。朝まだ寝ているところに石川君の細君から使いが来た。病人が危篤だから直ぐ来て呉れというのであった。明治四十五年四月十三日午前六時過ぎの事である。

駆けつけて見ると、彼は例の如く枯木の枝の様に横わっていた。午前三時頃から昏睡状態に陥ったので夜の明けるのを待焦れて使を出したのだが、その頃からどうやら少し落ちついた様ですと細君は語りながら病人の枕もとに顔を寄せて大きな声で『若山さんがいらっしゃいましたよ』と幾度も幾度も呼んだ。すると彼は私の顔を見詰めて、かすかに笑った。『解っているよ』との意味の微笑であったのだが、あとで思えばそれが最後の笑いであったのだ。その時、側にいま一人若い人が坐っていたが、細君の紹介で金田一京助氏であることを知った」

三、四十分もたつと、急に元気が出てきて、きれぎれの聞きとりにくいものではあったが、口がきけるようになり、土岐善麿（哀果）から東雲堂に持ちこんだ『悲しき玩具』の原稿料が、前の日に届いたというお礼を何より先に言った。何しろ昨夜以来はじめて言葉を発したというので細君も非常に喜び、このぶんなら大丈夫だろうからと、金田一氏も勤めに出ていった。

牧水は京子（六歳）がいないのに気がついて、捜しに戸外に出ていった。京子は門口でサクラの花をひろって遊んでいた。引き返したときには、老父と細君とが前後から啄木を抱きかかえて、低いながら声を立てて泣いていた。臨終は九時三十分であった。

都電の清水谷町停留所から、国電の大塚駅へ向かって右の、住宅地へはいっていった。わたしの頭には、門口でサクラの花びらをひろっている女の子の姿がうかんでいる。

遺跡は一度人にたずねただけですぐわかった。三つつじのかどから二軒目の、りっぱなへいに、掲示板のようなものが立てかけてある。「都史跡　石川啄木終焉の地」と、ようやく読めた。本文は消えかかって読めない。二本の脚の先はもうくさっている。だれかがどこかから引っこぬいて立てかけておいたみたいである。そこでかどの家をたずねてみた。若いおくさんらしい女性が出てきて、ここは警視庁の官舎で、何もわからぬという。まるでキツネにだまされたみたいになって、いつごろからそうなったのかと聞いてみた。さいきん来たものだからわからぬという。

おばあさんの話

とにかく、そこからすぐの、広い通りに出た。出てみて、まったくおどろいた。上野の駅前から出ている昭和通りくらいの広さの空間いっぱいに照りはえてサクラが咲いている。両側のたっぷりとした歩道ばかりか、車道のまんなかの緑地帯にも、かなり大きな木が並木になって花の天蓋をひろげているのである。広い道幅が、そのままなだらかな傾斜になっていて坂上からさしてくるほのかな夕日の中に、道は道であることを忘れたようだ。

あくる日また「終焉の地」に出かけた。こんどは竹早町で都電をおりた。するとそこが、さきのサクラの大通り、つまり吹上坂の上であった。ここをはいって行って左がわの、さいしょの広い通りへ曲がると——四軒めが例の官舎であるが——その吹上坂に面したかどの家の裏がわに一段低い路地があって、そこに家が二軒あった。そのとっつきの家をたずねた。ひっそりとした家のなかからおばあさんが出てきた。

このおばあさんは、かつて啄木全集をもっていたというくらいだから、こまごまといろんな話をしてくれた。なお隣のおばあさんのほうがよく知っているからといって、そこにいた子どもを呼びにやってくれた。とにかく啄木のいた家は、この二軒ならんだ路地のつきあたりの、石がきの上の、宇都木さんの庭になっているところだとのこと。宇都木さんというのが、さきの掲示板の立てかけてあった家である。

あの庭には井戸があるが、あれは啄木のいた家の井戸であるから、そこに啄木の家があったことはまちがいないという。隣のおばあさんが来ての話では、この井戸の水はとてもいい。宇都木さんでは井戸から台所までトイをひいて、いまでもこの水を使っているともいっていた。「文京区志」によれば、啄木当時の家主がやはりいまの宇都木家で、玄関の三畳に八畳と六畳の三間、それに台所がつき、家賃は九円。敷き金は二カ月分であった。

戦後、遺跡を啄木公園にしたいという話があって、そうなったら啄木茶屋でも出して公園の番人になりたいと思ったのに、と全集をもっているおばあさんは笑いながら言った。

啄木の日記　明治四十五年一月三十日（略）夕飯が済んでから、私は非常な冒険を犯すような心で、俥にのって神楽坂の相馬屋まで原稿紙を買いに出かけた。帰りがけに或本屋からクロポトキンの『ロシア文学』を二円五十銭で買った。寒いには寒かったが、別に何のこともなかった。

これが毎日三十八、九度の熱の出る人間の行動である。とにかくさいごの外出となった。この日一日の日記が啄木の生涯をよく語っている。

第三の歩道　谷中と根岸をめぐる静寂な道

一　谷中霊園

牧野富太郎氏の墓

国電で日暮里の駅を降りて天王寺のまえに出ると、墓地の右手のほうにコンクリートの丸いドームのようなものが見える。こんなものがあるとは、いままで気がつかなかった。そのほうへ歩いていくと、細い通路のわきに

「牧野富太郎墓所入口」

と書いた、みかげ石の標柱が立っている。まったく思いがけなかった。植物学者として長い年月にわたり、多くの少年たちに慕われてきたせいか、こんなふうにその墓所にひょっこりめぐりあったのが、何かなつかしい気持ちであった。

標柱の立っているところを右へはいると、墓所はいけがきにかこまれ、高さ一メートル余りの四角なみかげ石が立っている。はめこみの銅板に

結網学人　牧野富太郎（注・その下にローマ字で書いた姓名）

と横書きで三行に記され、次にその下に

April 24, 1862 — Jan. 18, 1957

と生没の年月（文久二年四月二十四日—昭和三十二年一月十八日）が書いてあって、その下のところに「墓」と一字だけぽつんと彫ってある。

こういう横書きの、ローマ字や英語をあわせ用いる形式をとったのは、世界的な学者の墓として——東京帝国大学では、ついに一講師にすぎなかったが——あるいは外国人の墓参といったことも配慮されたのであろうか。

向かって左にはこれと並んで「牧野富太郎妻　小沢一政二女　牧野スエ子　享年五六　昭和三年二月二日卒」と記された墓がある。

牧野さんは九十五年（ことしは生誕百年祭）というまったくおどろくべき長寿を全うしたが、六十六歳のとき夫人をうしなってからの三十年間を、ひとりの息女と二人だけで学究の生活に没頭したわけである。

墓所の右手に「名刺受」と彫った、ポストのような受け口のある、小さな石柱が立っている。裏がわのフタをあけて手を入れてみたら、夜来の雨にしめった名刺が一枚あった。

年賀の名刺受けなどとはことちがい、墓所の名刺受けが一般にどの程度おこなわれているか知らぬが、牧野さんの人柄と学徳がしのばれるのである。

「献　やよい会」と書いた、小さな石どうろうもあった。そうじがゆきとどき、草一本はえていない。

五年まえ、なくなられるときの、ラジオ放送を思い出した。眠るがごとくとか、枯れ木のごとくという形容があるが、牧野さんは危篤の状態におちいってからも、一進一退が二、三日はつづいたように思われる。ラジオもまた、ニュースのたびに、聴取者の敬慕にこたえるかのように、その一進一退の状況を放送した。牧野さんの命は困難にたえて長い年月を生きぬいた、その強さに比例して容易にはほろびなかった。

牧野さんの墓所があるとは知らないで、灰色のドームにむかって歩いていくと、そのドームの手まえに、まっ黒な石柱が三つも並んで立っているのが見えてきた。それはまっ黒なままにてらてらと光って、何か異様な、無気味な感じがした。降っているかいないかわからぬような、細い細い雨が、いつの間にか髪の毛に露となり、ほおがべっとりとぬれてきた。

牧野さんの墓所のところまでくると、そのまっ黒な石柱は牧野さんと垣をへだてて隣あっていた。そこはちょっとした広場みたいになっていて、同じ広場の先のほうに、あのドームはあった。

三基の「千人塚」

三つの黒い石柱は、高さ一メートル半、六十センチ四方くらいの、まったく同じ形のもので、三つとも表に大きく行書で「千人塚」と刻んである。それが高さ一メートルほどの、コンクリートでかためた石がきの台のうえに立っている。側面には漢文で次のように書かれていた。

「明治三年十月より十三年九月に至る。東京大学医学部に在って剖観するところの屍体計一千余。医学に裨益するところ鮮（すくな）しとせず。同十四年六月、石を其の埋瘞の処に建て以て之を表す。東京大学医学部綜理正五位勲四等　池田謙斎題」

――雨のなかでコウモリをさして、これを写していると、突如、近くのどこからかラウド・スピーカーが鳴りひびいた。

「赤坂の小梅さま、赤坂の小梅さま。上野精養軒へお越しください」

何がなんだかさっぱりわからぬ。ここは墓地のなかである。雨がしとしと降っている。いくら墓地だからって、昼間からキツネにばかされるわけもなし……。あのスピーカーは、いったいどこなんだろう。いや、写しをはやくやってしまわねばならぬ。

碑文は三つとも、みな同文で、ただ年月がちがう。第二は明治十三年より同二十一年九月まで。これを建てたのが明治二十五年六月。第三は明治二十一年九月より同三十七年八月まで。これを建てたのが大正二年六月である。これがいちばん新しい。すると、この三つの碑の下に、約四千人前後のお骨が埋葬されていることになる。

夏目漱石は東京大学で、宮本百合子は慶応で、それぞれ病状に関係のある部分の解剖をうけた。けれども解剖は、それがすむと、遺体はわが家へ帰ってくるのであるが、これら四千人前後の人たちは、家も引き取り人もはじめからなかったにちがいない。こういうところに、明治のはじめ以来の、こういうものがあったのである。同じ広場の灰色のドームは、あれは、いったいなんだろう。

天王寺の墓地

国電の日暮里駅のすぐまえに左手へのぼる高い急な石段がある。どこへ、どう行くんだろうと登ってみたら、正面に

「あぶない！　墓地内くらい道」（下谷北警察署　下谷北防犯協会）

という立て看板があった。

「あぶない！」の字だけは、とくに赤い色で書いてある。墓地のまんなかに駐在所があっても、やっぱりそうか、という気になる。

左手に高さ二メートル余、幅一メートルほどの、りっぱな白い石が立っている。それにはめこんだ黒い石板に、東京都谷中霊園ときざまれている。これが都の霊園の正門なのであろうか。ここから広い舗装道路がまっすぐのびている。その上を、向こうから幾組かの

女子学生がつづいてやってくるのが見える。四、五人かたまって近づいてきた女子学生に、都の霊園事務所を聞こうと思った。

「あなたがた、薬科大学ですか。あのトロリーバスの通りにある――」

「はい、そうです」

するとと、も一人がいった。

「正式には東京薬科大学女子部というのです」

「ああ、そうですか」

横のほうにいた別の学生が、それを補足するように、またいった。

「男子のほうは大久保にあります」

ずいぶん親切だなあと思いながら歩く。いや、そうにちがいはないが……と思いながら歩いていると、彼女たちの日焼けした、ちっともすべすべしていない顔だちが目にうかんでくる。平然とこちらを見つめる、表情のない目つき……ふと、ああそうかと思った。彼女たちはまだ東京へ出てきたての新入生にちがいない。そういえば文章そのままみたいな切り口上の標準語をつかっていた。春になると、東京はだれも気づかぬうちに、こういう学生たちが全国からはいりこんできて、ぼうっとふくらんでいるのであろう。

霊園事務所は、トロリーバスの通りに近い、右がわにあった。事務所まえの掲示場には、やはり役所らしい、いろんなはり紙が出ている。三十六年度――といえば、もう旧年度——の管理料受け付中というはり紙には「未納の方」とか「但し納額告知書、又は督促状持参の方に限る」といった文字が見られた。瞬間、なるほど……と思った。

何が、なるほどなのか。

都の霊園事務所へ行ってみたのは、牧野富太郎さんのお墓の、すぐ先にある、あの灰色のドームみたいなものがなんであるか、事務所なら、もちろんわかるだろうと思ったからである。事務所まえに掲示してある谷中霊園（台東区谷中天王寺町四）の平面図をみると、三万百八十坪で、ひと口に谷中の墓地といっても、都の霊園だけでなく、このほかに天王寺の墓地も相当に広いらしい。事務所の人の説明を聞いて、ドームのあるあたりは、天王寺の墓地であることがわかった。そこで天王寺をたずねた。

無縁仏ねむるドーム

ドームは、高さ一メートル、二十メートル四方くらいの石組みの壇のうえにあって、さしわたし十五メートルぐらいの大きさの、おワンを伏せたような形のものである。ドームの頂点には、五重塔の先端に似たようなものが立っている。正面にはお焼香をするところができていて、ドームには緑色に塗った鉄の扉がついている。人間が立ってはいれるようになっているらしい。

ドームの左わきの、人の手のとどくあたりに一カ所、コンクリートが無残にくだかれ、さびた鉄骨や小石が露出しているところがあった。内部までは穴はあいていなかったが、もちろん何ものかのいたずらであろう。

このドームは大きいわりに、形があまりに単純で、色もコンクリートがそのまま雨やちりに薄よごれた灰色の一色なので、何か薄気味の悪いものを感じさせたのであろう。けれどもドームのまえに立って、じっと見ていると、このドームは、塔としてこれだけが意味をもっているといわれる、露盤を型どったもので、そのうえの柱ようのものは、塔の最先端の相輪を型どったものであることがわかってきた。

天王寺で聞いたところでは、このドームの内部は、まんなかの柱を中心にタナができていて、そこに骨ツボが並べてある。これは行き倒れや、身元不明の自殺者、刑務所でなくなって引き取り人のない人など、東京大学の医学部で解剖を受けた人たちのお骨である。いまはほとんど引き取り人があるそうであるが、でも、年に、五、六体は引き取り人のない場合があるとのことである。

東京大学で解剖を受けた遺骸は――引き取り人のあるなしにかかわらず――火葬してから天王寺の本堂でご回向する。引き取り人のない方は、それからドームへおさめることになるわけである。毎年十月から十一月はじめにかけて、東京大学の医学部は、医学部長が祭主となって、天王寺で解剖祭をとり行なう。毎年、その年に解剖を受けた百人から百二、三十人の方の遺族が招待される。医学生や看護婦なども参加するとのことである。

ドームの手まえの左がわには、また、天王寺の無縁塔がある。三段の石の台のうえに、ハスの花一本を手にした観音さんの石像が立っている。戦災で全滅した家もあるが、はじめは遠縁の方がおまいりをしていても、歳月がたつにつれてそれも途絶えることになるであろう。「無縁塔」と横書きに彫った石が正面に据えられ——おまいりするものもないからだろう——そのうえに数珠がおいてあった。雨にぬれて。

谷中天王寺

上野桜木町から国電の日暮里駅のほうにむかって、西北に通じる広い通りがある。そのまんなか辺の右がわは広場になっている。ここが谷中の五重塔のあったところである。そのかどに駐在所がある。墓地に駐在所があるのは珍らしい。霊園として東京都の管理になっているからかも知れない。夜暗くなってから通ったら、奥の部屋のあかりが見えて、ちらっと笑い声がもれてきた。ああそうか、と思った。駐在所だから、家族だっているわけである。

墓地の通りの終わったところに〝護国寺天王寺〟と彫ってあるりっぱな黒い石の標柱が立っている。そのかたわらに「感応寺の富突」という立札があった。

「江戸の三富（さんとみ）の一つ。この富突（注・とみつき）は江戸における最初の富突興行で享保十七年、八年頃（注・一七三二、三年、八代将軍吉宗の時代）がその始りであ

る。毎月十八日に行われ、富札代金一枚一人当りは百両であった」（注は筆者）

終わりに、台東区と署名してある。富突は文字どおり富札をキリで突き、キリ先に突きささったのを当たりとする。

会田範治先生著『谷中叢話』によれば、享保元年（一七一六年、吉宗、八代将軍に任ず）に、仁和寺門跡《もんぜき》の館邸修復のため、音羽の護国寺で三カ年間、毘沙門天の富突興行が行なわれていたが、当時はまだ流行せず、享保以後になって各所の神社や寺で一般に公然と興行されるようになり、大いに盛行したが、老中松平定信の寛政の改革（一七八九年、十一代将軍家斉）によって全部禁止された。

ところが文化年代（一八〇四年―一八一八年）にまたまた起こり、湯島天神、目黒の不動尊で、富突興行が公許されるにいたって、感応寺の富突を加えて「江戸の三富」と称せられ、富突はふたたび盛んになり、文政年代にはその数は三十一カ所にまでなったといわれる。

競輪なども、やがて百年後には自治体の興行による史跡として、東京都は各所の競輪場跡にこんな立て札を建てたら、どんなものだろうと思った。

天王寺まえから右へ暗くなった道を行くと、左がわに小さなお寺がある。もう門は締まっているので、くぐり戸からはいる。石段を五、六段おりて右手へまわって行くと、境内に沿った住宅地の奥のほうに、まわりの暗いなかで、一軒だけあかあかと電灯のついているこうし戸の家があった。

ちょうど食事中で、正面に主人らしい人が見えたが、用件を話すとすぐ外に出てきてくれた女性が、天王寺の五重塔の火事を最初に発見した人であった。

「あなたが見つけたんですってね」

「ええ」

彼女はあいそよくにこにこしているだけで、実にひかえめである。夕明りのわずかに残っている墓地の空には、大きなイチョウの木が二、三本見える。五重塔の火事のあった青葉のころはどんなに茂っているだろうと思った。それにここは墓地よりずっと土地が低くなっている。

「ここからでも煙のあがるのが見えたんですね」

「共同水道のところに洗たく物をすすぎに行ったものですから」

水道はすぐ先のところにあった。

「警察へはどうして知らせましたか」

「天王寺のまえに、いまはありませんけど、警察電話があったものですから、夢中になって飛んでゆきました」

別に新聞記事以上のことが聞けたわけではないが、やはりあの五重塔が現実に焼けてしまったという、じかの印象を受けた。

五重塔

昭和三十二年七月六日（土曜）付けの読売新聞夕刊は、谷中の五重塔全焼、焼け跡から男女の死体、火をつけて心中したか、という六段抜き見出しのトップ記事として次のように報道している。

彼女によって一階内部が燃えているのを発見されたのは、午前三時四十分ごろ。谷中消防署など十七台が出動したが、火の回りが早く水利の便もわるいため同塔を全焼、五時ごろ鎮火した。

一階正面出入り口の近くに二つの焼死体を発見。死体は入り口からはいった右側に出入り口に頭を向けて「ハ」の字型に並んであおむけに倒れていた。

この五重塔は寛政三年（一七九一）天王寺本堂に付属して建てられたもので、釈迦、多宝二仏がまつられ〝江戸四塔〟の一つとして谷中の名物だった。総ケヤキ造りで建て坪九坪の五層建て、高さ三十四・二メートル、一階は無名の作ではあるが、豪華な仏像の壁画で飾られており、幸田露伴の名作『五重塔』（明治二五・一〇）のモデルといわれている。

二日後の八日の読売新聞朝刊は焼死体が新宿区下落合の洋装店の元店員であること、男（四十八歳）はさいきん郷里から妻子を呼び寄せ、店の近くに間借りしたが、同じ店員の女（二十一歳）との関係が知れ、このため先月末二人は店をやめたこと、三角関係の清算のために心中したものにほぼ間違いないことなどを報道した。

露伴は明治二十四年のはじめから二十六年一月まで天王寺町二十一番地（谷中天王寺畔のイチョウ横町）に住んでいた。小説『五重塔』はそのあいだに書かれたものである。

谷中の奥から公園をぬけて出てくると、上野広小路あたりはまるで光の海でまばゆいばかりだ。どこかで休もうと思って歩いていると、本牧亭の横町に女流義太夫の大きな立看板が出ていた。ふと、何かに気持ちをまかせて休みたいと思った。

イチョウ横町

墓地（谷中）の駐在所の、向かいがわの道をはいっていく。前方に墓地のどこからでも見える大きなイチョウの木が立っている。そこを右へ曲がっていく。

まもなく左がわは住宅となり、右がわの墓地はコンクリートのあまり高くない塀になる。前方に旅館素月と書いた大きな看板が見える。その右肩に大文豪幸田露伴跡、と書いてある。

道はこの旅館の裏口にぶつかる。ちょっと立ち止まって見まわすと、裏口の手まえ左がわに彫刻家の「朝倉文夫」の表札が目についた。するとその手まえ隣は、三味線の「山田抄太郎」の表札であった。かつての住人露伴をふくめると、ここに芸術院会員が三人、隣あうことになるのだが……。

朝倉、山田両家の裏口が囲いも何もなく通りにじかに面していて、いかにも古く住みついている感じで、土地への親しみをいだかせる。道をへだてて、すぐ向かいは、墓地のコンクリートの塀になっているが、ついこのあいだまでは、まばらないけがきであったという。すると洋画家の朝倉摂さんなど、子どものころは実家の裏の墓地で遊んだことがあるかもしれない。

旅館の裏口から道は旅館の建て物について右へ曲がり、さらに左へまわって旅館の玄関のまえに出る。この一郭が、かつて露伴の住まいがあったところである。

露伴の『五重塔』のさいごのところの名文が思い出される。

「暴風雨《あらし》のために準備《したく》狂ひし落成式もいよいよ済みし日、上人わざ〳〵源太を召《よ》び玉ひて十兵衛と共に塔に上《のぼ》られ、心あつて雛僧《こぞう》に持たせられし御筆《おふで》に墨汁《すみ》したゝか含ませ、我《われ》此塔に銘《めい》じて得させむ、十兵衛も見よ源太も見よと宣《のたま》ひつゝ、江都《かうと》の住人《じゆうにん》十兵衛之《これ》を造り川越源太郎之を成《な》す、年月日とぞ筆太に記し了られ、満面に笑を湛《たた》へて振り顧《かへ》り玉へば、両人とも言葉なくたゞ平伏《ひれふ》して拝謝《おが》みけるが、それより宝塔長《とこしな》へに天に聳えて、西より瞻《み》れば飛檐《ひえん》或時素月を吐き、東より望めば勾欄《こうらん》夕《ゆうべ》に紅日《こうじつ》を呑んで、百有余年の今に至るまで、譚《はなし》は活《い》きて遺《のこ》りける」と。

露伴の住いは「西より瞻《み》れば飛檐《ひえん》或時素月を吐き」――のながめになるわけである（注・素月＝明月、明るい月）。もっとも、この「西よりみれば」というのは、露伴の旧居からいえば塔はま東より少し南に寄っている、と旅館の主人はいっていた。

露伴の年譜などに書かれている「谷中天王寺の銀杏横町」というのは、さきの墓地の曲がりかどに今もある大きなイチョウの木から、山田、朝倉の両家や素月館のまえを通って、それから先にまた右へ、次に左へ曲がって行くと、国電の日暮里駅の坂になった通りのうえに出る、このあいだのことだと聞いている。

この辺はもと茶畑であった。いいショウガもできたとか。露伴が買った家は三室か四室のカヤぶきの家であった——もっともこの家のことは、まだ幸田文さんにはたしかめていない——そのころの、茶畑のなかからの五重塔のながめはどんなだったろう。

会田範治先生の『谷中叢話』によれば『五重塔』のなかの、宇陀の朗円上人は、天王寺の中興の祖といわれる日長上人をモデルにしたようである。が、のっそり十兵衛については、三田村鳶魚は『上野と浅草』のなかで、明治十年の寛永寺再建のとき、川越の喜多院を取りくずして、その材料をもって寛永寺の本堂を再建することとなり、その工事の請負い人西川常次郎が名大工平松十吉に施工せしめた。この平松十吉こそ、のっそり十兵衛のモデルであろうといっている。

塔の焼けあとをみると、一つの石を中心に、四角の形に五つの石だけがのこっている。これらの台石には、まんなかにまるい穴があって、そこに柱が建つのであるが、その柱の下に銅の経筒がはいっているのが、後になって発見された。

このことは、東京都史跡調査所の仏教考古学者、稲村坦元さんからうかがったのであるが、これは東京都に保管され、目下博物館の担当者が調査中とのことである。

稲村さんのお話によれば、塔のいちばん上にあるのが相輪——九輪ともいう——で、そのつぎの、お椀を伏せたような形のものが露盤である。これを塔というのであって、これだけが意味があるのであり、あとは台にすぎない。この露盤がなければ塔とはいわぬ。つまり、おしゃかさまのお骨（仏舎利）をおさめたのが、この形であった。おしゃかさまが暑いだろうというので、信者たちがカサをさしてあげた。そこからこの形はきていると、稲村坦元さんはいわれる。

谷中の五重塔として有名な宝塔が、さきの日長上人によって建立されたのは、寛永二十年から翌正保元年（一六四三—四四）のことで、これが明和九年（一七七二）つまり同年に改元された安永元年二月二十九日の、目黒行人坂火事からはじまった大火によって消失するにいたった。

次が十九年後の寛政三年（一七九一）十月に再建され、これが百六十六年後の昭和三十二年（一九五七）七月六日に焼失したわけで、ここに三百年来、江戸から東京へかけて市民に親しまれてきた谷中の五重塔が、さいご的に地上から消え去ったわけである。

浄名院の〝八万四千体〟

上野桜木町のトロリーバスの通りを寛永寺横の交番のあたりに来たとき、左手に道路から二メートルくらい石段を降りたところにお寺の門があった。

こんなところにお寺がある、と思って少しかがみこんでのぞくと、門の左手のところに、ちらっと、おばあさんと子どもが見えた。

小柄なおばあさんが男の子に何かしている。見ていると、おばあさんが小さなひしゃくを子どもの手に持ちそえて、水をかけるようなしぐさをしている。こちらの位置をかえてかがみこんでよくみると、そこは水屋になっていて、小さな石のお地蔵さんが立っていた。

——これが八万四千体のお地蔵さんで知られた浄名院である。

やはりお寺へはいっていくことは思いとどまって、そっとくびすをかえすと、根津宮永町のほうへむかってあてもなく歩き出した。

道はおのずから速度を増すかのように急な坂になっていって宮永町へくだり、そこからまっすぐに本郷の通りへむかって向ケ丘の坂をのぼっていく。

右が旧一高あとの東大農学部、左には工学部の高層建築がそびえている。花ぐもりの薄い日はもう西にまわって工学部のビルのうえにかかっている。

道がもっている大地のがんこな意思と、とどまることを知らぬそのやさしい抒情的な運動は、こんなふうに坂をくだっていって、さらにまた坂をのぼっていくところに、実にリズミカルに現われている。道は都会のどまんなかで、都会の不安も焦燥も容赦しないのである。

ある日また都の史跡調査所に稲村坦元さんをおたずねすると、そこへ背の高い、すっかり日やけした、戦争がひどくなったころと違わぬような、かまわぬ身なりをした、年配のかたがみえた。三好朋十（みよし・ともかず）さんといって、お地蔵さんの調査・研究の権威であることをあとからうかがったので、ある日池袋のお宅にうかがった。

まずおどろいたのは、三好さんはもう八十一歳になるが、雨さえ降らなければ、いまでも毎日お地蔵さんをたずねて出かけるということ、それから、お地蔵さんは本来子どもとは関係がない、とはっきりいわれたことであった。

三好さんは仏教民俗学の専攻で、お地蔵さんの調査・研究をはじめて四十年。すでに旧武蔵の国――東京二十三区と二十一郡をさす――この地域だけでお寺の総数五千三百、そのうち二千四百のお寺を歩き、写真にとったお地蔵さんの数だけでも千三百枚におよぶのである。

ところで三好さんは、民俗学者としてはっきりいわれた。

「ぼくは仏教信者ではない。クリスチャンだ。ただし教会へは行かない」と。

浄名院は門をはいると正面に戦後建てられた近代的様式の目立つ、りっぱな本堂がある。あの四つ五つの子どもがおばあさんとお地蔵さんに水をかけていたところ、そこから左へはいっていくと、本堂の左がわの、ずっと奥まで、びっしりと石のお地蔵さんが並んでいる。

高さ六十センチぐらいの石のお地蔵さんが、背中あわせに一列となったものが、何十列と並んでいる。本堂裏から左がわへかけての高さ三メートルほどの石のヘイにも、ヒナ段式に六段になって並んでいる。

三好さんのお話では、ここには七千体ぐらいあるだろうとのことであった。この小さな、やさしい石のお地蔵さんも、七千体ともなれば、沈黙の一大交響楽である。

あの子どもがおばあさんといっしょに水をかけていたお地蔵さんは、八万四千体のうちの第七千五百番であった。カメの子だわし三つ、両わきに花立て、前に線香を上げるところがあった。やはりお地蔵さんは庶民的なのであろう。あのおばあさんも、自分がお願いをするお地蔵さんは、いつも身ぎれいに洗いきよめておきたい。そのためにカメの子だわしが用意されているところは、いかにも庶民たちのお地蔵さんである。

四十年来仏教民俗学に専念してきた三好さんが、八十一歳の今日なお、ひたすら民俗学の対象としてお地蔵さんの調査・研究に没頭してこられたのも、やはりお地蔵さんが庶民のものだからであろう。

浄名院の「八万四千体、石地蔵建立記」によれば

「夫レ我今八万四千ノ石ノ地蔵尊ヲ建立スル発願ノ趣意ハ仏滅後百年ニ至テ中天竺ニ阿育大王ト云フアリ仏法ヲ深ク信シテ八万四千ノ石ノ舎利塔ヲ建立シ閻浮提ニ安置シ玉ヘリ」

「即チ江州蒲生郡石塔寺村ノ石塔寺ニ存在スル所ノ石ノ舎利塔ハ其ノ一ナリ」

「此阿育王ノ八万四千ノ石ノ舎利塔ニ例シテ今八万四千ノ石ノ地蔵尊ヲ建立センコトヲ計ル」

これが石地蔵尊建立の趣意である。明治十五年三月二十四日の日づけになっている。お地蔵さんは宗派に関係がない。日蓮宗だけがほとんどお地蔵さんのお祭りをしないくらいのもの。やはり一般庶民の願いはひとつなのではないか。

二　笠森稲荷

功徳林寺を訪れる

鶯谷駅の日暮里寄りの降り口から寛永寺坂に出て、東北線の上の陸橋に立つと、ちょうど京成電車が日暮里駅の手まえのところで大きくカーブして、国電のうえを渡り、谷中の墓地の、地下ふかく、はいっていくのが見えた。上野公園の地下を縦断して上野駅前に出ていくわけであるが、このながめは、子どもの絵本にあるような壮観な感じであった。

陸橋をわたって少し行くと、左がわに養寿院という天台宗のお寺があって、入り口の左がわに「再建笠森稲荷尊御本堂　東叡山養寿院」と書いた看板が立っている。門柱には「開運出世笠森吒枳尼天（かさもりだきにてん）縁日二十二日」の札がさがっている。

主人がいなくて、奥さんから話をうかがった。笠森お仙で知られている笠森稲荷の、ご本尊の陀枳尼天はこちらにまつられているが、戦災にあい、まだご本堂ができないので「おまつりは功徳林寺さんでしていただいております」と、そんなふうにこころくばりの受けとられるような話であった。

同じ並びの、道をへだてた右隣には、お仙の茶屋と書いた看板を屋根のうえにのせた家があるが、いつも戸がしまっていて、人が住んでいるのかどうかもわからぬ。隣の笠森稲荷が再建されるのを待っているのだろうか。

また右隣の、ぴたっと締まったドアの横には「大神楽曲芸」と「十二代目家元　鏡味小仙」という古びた二つの札がかかっていた。「家元」の次には、丸に一の字を重ねた白いマークがはいっている。あの曲芸にもこういうところに家元があったのかと、不思議な感じがした。町を歩いていると、人の世のさまざまな発見があるものだと思った。

寛永寺坂から根津宮永町へ通じる広いトロリーバスの通りを行く。すると右へはいって墓地へつきあたり、そこを左へ曲がって行くと団子坂下へ出る道がある。この左へ曲がってすぐ次の、右へはいる道をゆくと、じきに右がわに功徳林寺があり、そのまた手まえに質屋の鍵屋があった。この鍵屋はお仙の茶屋とは何の関係もないが、ここにお仙の茶屋の鍵屋があったわけである。

もう暗くなってきた。ただやみくもに、次の功徳林寺と鍵屋とのあいだの裏門をはいっていった。

　くらやみを、じっとすかして見ると、先のほうに赤い鳥居がある。その両がわに赤いのぼりが立っていて、奥のほうに小さなお堂が夕やみのなかにわずかにそれらしく見える。やっぱり笠森稲荷であった。柱に眼を近づけて指先でさぐってみると、七十センチくらいの板がかかっている。思いきって板をはずして、空にむけてのぞいてみたが、もう夕あかりもうつらなかった。

　そこで板をかかえていまはいってきた功徳林寺の裏門わきの、庫裡へ行ってみた。いつか本堂の木魚の音はやんでいた。背が高くて、柔剣道の選手でもやっていたような体格の、いかにも大学を出て間もないといった青年があらわれた。この青年は、笠森稲荷のことなど、自分のところの境内にはあるが、たいして関心をもっているようにも見えなかった。あの稲荷の裏あたりは、むかし天王寺の坊が何十軒もあったという。そして若い僧侶たちを、みんなここに寝泊まりさせて、実によく学僧を育てた、と初対面の筆者に、そのことを率直に力をこめて語った。

宝暦年間の建立か

　笠森稲荷はいつ建てられたか、たしかなことはわからぬが、以下、日本大学教授・会田範治先生著『谷中叢話』の趣旨に即して書いてみたい。

武江年表の宝暦年間（一七五一―一七六四）の記事に「日暮里笠森稲荷新たに勧請す」とあるから、だいたいこのころにできたものであろうといわれる。少なくともいまの天王寺が感応寺といっていた時代――天保四年（一八三三）に改名――にすでにその境内に笠森稲荷がまつられていたことは確実である。これは、もとの感応寺の西門の南がわで、いまの功徳林寺のある地域にあたっている。

おもしろいのは、この笠森稲荷の勧請者とみられている紀州侯の家臣倉地家の養子満済――通称政之助――が、笠森お仙の夫であることである。満済は第九代将軍家重（延享二年・一七四五―宝暦十年・一七六〇）に仕え、お庭番からご休息お庭者支配、御金奉行となり、二百石、同心九人を領したといわれる。第八代吉宗（享保元年・一七一六―延享二年・一七四五）が将軍になったとき、倉地家は紀州から江戸に出てきて、代々庭番として大奥に仕えていたのである。

つまり将軍の君側にあって、大衆小説でおなじみの、伊賀流の忍術により、一種の秘密探偵の任務をもっていた。

お仙も鍵屋の養女であったが、この水茶屋の、美人の名をうたわれた娘が、忍術使いの女房になったのだから――美人も忍術使いみたいなものなのだなどと、やぼなしゃれをいうまでもなく尽きぬ興味があるわけである。

大正八年に笹川臨風と永井荷風とによって、大円寺にお仙の碑が建てられた。荷風は

「笠森阿仙の碑」と題する次のような碑文を書いている。

「女ならでは夜の明けぬ日の本の名物、五大州に知れ渡るもの、錦絵と吉原なり、笠森の茶屋かぎや阿仙、春信の錦絵に面影をとゞめて百五十有余年、嬌名今に高し。今年都門の粋人春信が忌日を選びて、ここに阿仙の碑を建つ。時恰も大正己未夏　鰹のうまい頃」

この文章にはさしさわりはないが、大円寺は団子坂下にある笠森稲荷で——後に瘡守薬王大菩薩と改称——いま功徳林寺の境内にあるお仙の笠森稲荷とはまったくちがうのである。

三　根岸の里

書道博物館

根岸を歩いたとき、中村不折（昭和十八年六月没、七十六歳）の書道博物館にはいった。この建て物は鉄筋コンクリートで、これだけが戦火にも焼け残った。はいってみて驚いた。書道などといえば、紙に書いたものを思いうかべるが、ここにはそんなものはなかった。石とか青銅、鉄に刻まれたものばかりである。

不折といえば『建国剏業』とか『羅漢図』『盧生の夢』などの大作とともに、あの独特の書体が一般に知られている。

ところがその書道の研究というのは、この博物館におさめられているようなものの収集でもあったわけで、今日では、中国でのこういう収集など、もはやまったくありえぬことである。ここにおさめられているものは仏像や鏡などはいうまでもなく、銅鐸（どうたく）から文房具、火熨斗（ひのし）などにいたるまで、実にさまざまである。

古いものでは、たとえば殷時代（約三七〇〇年まえ）の亀甲（きっこう）獣骨の占いの文がある。――この占いが日本でもおこなわれたことは古事記に出てくる。――獣骨の裏面をえぐり、そこを焼いて表面に生じたさけめの形によって吉凶禍福を占ったことが文字で示されている。

こういう古い時代のものからさらに周、秦、漢――とくだって明にいたる、中国の全時代にわたるものがみられる。これはもはや書道博物館というよりも考古博物館である。重要文化財に指定されたものが十件あった。

ここを出て子規庵をたずねた。子規の門人であった寒川鼠骨が管理人として長いあいだここに住まっていたが、いまはそのむすこさんの代になっている。ここは戦災を受け、原形に即して新しく建った家である。座敷に通されて、二、三の遺品をまえに、主人としばらく閑談した。閑談しながら、この家から子規のながめた上野の森が――いまは見えない――頭を去らなかった。

子規庵をたずねて

遺品のなかに青銅のカエルの文鎮があった。『仰臥漫録』（明治三四・九―三五・六）の九月十日のところに、これの巧みなスケッチが出ている。なつかしい思いで手にとって、何か子規をじかに感じた。「此蛙ノ置物ハ前日安氏ノクレタルモノニテ安氏自ラ鋳タル也」スケッチは正面、背面、実物大の三図で「無花果ニ手足生エタルト御覧ゼヨ」「蛙鳴蟬噪彼モ一時ト蚯蚓鳴ク」と書いてある。

三図とも前足、つまり手だけはくねらすように、一方をあげ、他方をさげて踊っている、その直立した瞬間がよくとらえられている。肩つきに――直立しているので――いかにもユーモラスな気取りが感じられ、調子が出ているのである。

『病牀六尺』（明治三五・五―九）に――なくなる二、三カ月まえごろ――子規は「根岸近況数件」を書いている。たとえば、

一、田圃に建家《たてや》の殖えたる事
一、三島神社修繕落成石獅子用水桶新調の事
一、田圃の釣堀釣手少く新鯉を入れぬ事
一、笹の雪横町に美しき氷店出来《しゅったい》の事

一、某別荘に電話新設せられて鶴の声聞えずなりし事
一、時鳥《ほととぎす》例によって屢々音をもらし、梟何処に去りしか此頃鳴かずなりし事
一、丹後守殿店先に赤提灯廻燈籠多く並べたる事
一、御行松《おぎょうのまつ》のほとり御手軽御料理屋出来の事
一、美術床屋に煽風器を仕掛けし事

下根岸の御行松は昭和三年の夏、ついに枯れてしまった。高さ十三・六三メートル周囲四・〇九メートル、枝がカサをひろげたようにたれて均斉を保ち、樹相雄麗であったが、と立て札に書いてある。筆者がここへはじめてやって来たのは大正十五年の秋であったが、そのときはまだ衰えはみえなかったように思う。かたわらにぽつんと不動堂があって、伐り残した二メートル足らずの幹のしめなわが、なんとなく信仰につながるものを感じさせた。

樋口一葉の『琴の音』(明治二六・一二、「文学界」)に「御行の松に吹く風音さびて根岸田圃に晩稲《おくて》かりほす頃」と書かれている。

先日この辺を歩いていたら、三遊亭金馬師匠の表札を見つけた。終戦後まもないころ、師匠が釣りに行った帰りに鉄橋をわたっていったところ、汽車が来てはねられ、大ケガをしたということがあった。趣味というよりも食糧獲得のために出かけたんだろうに、とラ

ジオのまえで家族と話しあったものである。

どこをケガしたのか忘れたが、師匠のことだから、もちろん「孝行糖」（こことここ）なんだろう。

道を歩いていて、名前を知っている人の表札を、ふと見かけた時の、あの気持ちは妙なものである。いやなやつでもそうであるから、いっそう妙である。

坂本二丁目から浅草へむかって、じき左がわに酒屋がある。もうここらあたりは文化人など寄りつくところではなさそうにみえるが、二次会、三次会ともなれば、やはり居酒屋のコップ酒はちょいといかすのであろう。筆者の頭にあれこれの文化人の顔がうかんでくる。

別荘地だった根岸

根岸は別荘地の草分けかもしれない。

上根岸と金杉との境の道路の上根岸がわにそって音無川が流れていた。川といっても一・八メートル幅くらいのみぞみたいであったが、この小川にむかって玄関のある家には橋がかかっていた。

春になると、この家にそった土手にフキノトウなどがみられ、金杉がわとはまったく趣の異なった一部をなしていた。

ところが戦後、音無川も埋め立てられて、古い別荘地のおもかげも消え去った。

根岸が下谷区に編入されたのは、明治になってからで、そのまえは豊島郡金杉村の一部であった。岡本綺堂の『半七捕物帳』（「河豚太鼓」）をみても、別荘地としての根岸の歴史はずいぶん古い。

根岸といえばウグイスの名所のようにも思われ、いわゆる「同じ垣根の幾曲り」の別荘地をしのばせる、と綺堂は書いているが、そういえば戦災で焼けた現在でも、やはり音無川と国鉄線にはさまれたこの住宅地のなかの道は曲がりくねっていて、四つつじでもまともな十字路の形をしたものは見あたらなかったようだ。

――根岸が風雅の里として栄えたのは、文化文政時代から天保初年が最も盛りで、水野越前守の天保改革のさいに、奢侈（しゃし）を矯正する趣意から武家、町人らが百姓地に住むことを禁止された。自宅のほかに「寮」すなわち別荘、控え家のたぐいをみだりに設けるのはぜいたくであるというのであった。

クレタケの根岸の里も、そのために急にさびれてしまった。春がくれば、ウグイスはむかしながらにさえずりながら、それに耳をかたむける風流人が遠ざかってしまったという。後にはその禁令もしだいにゆるんで、江戸末期にはふたたび昔の根岸の趣をみるようになったが、もはや文化文政の春を再現することはできなかった……。

鶯谷の地名の由来についてはいろいろいわれているが、やはりこの根岸の里のウグイスからではないだろうか。

子規の短歌革新

正岡子規が、はじめて一家をかまえた駒込追分町（明治二四・一二）から、上根岸八八に移ってきたのは翌二十五年二月、さらに同町八二に移ったのが二十七年二月、そして三十五年九月十九日、その短い生涯（一八六七—一九〇二年）を終わるまでここにとどまったのであるが、二十九年にはもう腰の痛みのためにほとんど歩けなくなった。けれどもそのあいだに俳句につづいて短歌の革新をすすめた。つまり与謝野鉄幹・晶子らの明星派浪漫主義とならんで、写実派の短歌の革新をなしとげたわけである。

「小園の記」（明治三二・一二）に子規は書いている。

「我に二十坪の小園あり。園は家の南にありて上野の杉を垣の外に控へたり。場末の家まばらに建てられたれば青空は庭の外に拡がりて雲行き鳥翔る様もいとゆたかに眺めらる。始めてここに移りし頃は僅に竹藪を開きたる跡とおぼしく草も木も無き裸の庭なりしを、やがて家主なる人の小松三本を栽ゑて稍々物めかしたるに、鄰の老媼の与へたる薔薇の苗さへ植ゑ添へて四五輪の花に吟興を鼓せらるゝことも多かりき」

と書き「小園の図」を俳句で説明している。

南　朝顔の垣や上野の山かつら

西　椎の実を拾ひに来るや鄰の子
東　朝顔にからむ鄰の瓢かな
北　藤沢の竹も久しや庵の秋　（正面右）
蓑笠を掛けて夜寒の書斎かな　（同左）

このミノカサは、明治二十六年の奥羽行脚（七月―八月）のときのものである。玄関は北がわにあって、筋向かいあたりが中村不折の屋敷である。

「去年の春彼岸やや過ぎし頃と覚ゆ、鷗外漁史より草花の種幾袋贈られしを直に播きつけしが……」うんぬんのあとにこう書いている。

「朝まだきに裏戸を叩く声あり。戸を開けば不折子が大きなる葉鶏頭一本引きさげて来りしなりけり、朝霧に濡れつつ手づから植ゑて去りぬ」

鶯谷の駅から根岸の本通りにぶつかると、右は坂本二丁目の都電停留所を渡って、まっすぐに入谷の通りになり、浅草の観音裏から隅田川の言問橋に通じ、左は少し行くとのぼり坂になり、左折して国電うえの陸橋をわたって谷中から根津のほうへくだっていく。

このの ぼり坂の左折するところの、右がわの下あたりが子規の家のあるところ。この坂が寛永寺坂で、坂にかかるところから右へまっすぐに三輪方面にむかう改正道路が出ている。そこから音無川にそった道へ曲がるまでの、左がわのまんなかへんに、トウフ料理で古くから知られている笹乃雪がある。

日華事変のはじまったころ、ここの二階へあがったことがあった。畳は赤茶けてぶくぶくで、人っ子ひとりいないような、気味悪い静かさがこもっていた。ところが、さいきん二十何年ぶりではいってみると、ちょっと趣味のニューフェースといった活気である。階下の奥の部屋まで、玄関の方から外国婦人が日本語で電話をかけている声が聞こえてくる。ちょうど帰ろうとしたところで、玄関へ出ていくと、それはラジオの声だけでおなじみの娘の、あでやかな訪問着姿であった。

四　入谷

名工・乾山の記念碑

鶯谷の駅は昭和のはじめまでは、今のプラットホームと同じように低いところにあった。だから上野の国立博物館裏の交番のところから駅へ出る道は、とても急な赤土の坂で、大きな石がごろごろしていた。大雨でも降ろうものなら、坂そのものがまたたくまに濁流の谷川になった。

踏み切りには線路が原っぱみたいに多いので、童画などに出てくるような、玩具みたいな陸橋がかかっていた。

この線路をわたると、左手に大きな二階建ての伊香保楼があった。これは昭和のはじめに「人の道」の道場になってしまったが、その横をはいって行ったところの右手に塩原があった。夏の夕がたなど、日のあるうちから早々と打ち水をして、奥さん風の薄化粧をした若いおかみさんが、ちょっと伊東深水の美人画みたいに立っていた。

ここを左へ曲がると線路にぶつかるが、その右手に、数寄屋ふうというのか、木口のいい、そんな感じのする古い家があった。新婚の私たちはこの家の、ヘイをへだてて線路に並行した二つの部屋を借りていた。それは離れみたいで、何の気がねもいらぬばかりか、何といっても浅草へ出かけるのにつごうのいい足場であった。

徹夜して花をやることもあった。朝がたになると、青森発の急行が通る。私のすわっているうしろの唐紙のうえを、朝日を反射した窓の影が光っていく。はるか北の果てからやってきた急行が、おれの部屋のなかを通っていくのを居ながらにして見ているんだ、といって私は喜んでいた。

トロリーバスは根津宮永町を出て高台へのぼり、谷中町、桜木町を通って寛永寺坂の陸橋で右に大きくカーブしながら鶯谷駅まえ通りにくだると、坂本二丁目の都電をわたってまっすぐに入谷の坦々とした大通りを走って、浅草の観音裏から言問橋をわたる。

その隅田川を越えたところで、また右に大きくカーブして亀戸に行くのであるが、この入谷の通りくらい、都電の軌条がなくて、平坦でまっすぐな道が広々と長くつづいているところは、ほかにはちょっとないかもしれない。

青海波をえがいた帚木（ははきぎ）のあと、といった言葉が入谷の通りについて書かれていたように思うが、まだ道路がアスファルトにならぬ時代には、この通りの人たちにとって、そういったこころくばりが朝夕の身だしなみのようなものだったのだろう。

とにかく毎日のように浅草へぶらりと遊びに行った、なつかしい通りである。

広い四つつじにきたとき、右かどの魚屋の店さきに、大きな異様な感じの魚が目についた。あんちゃんにたずねると、マンダイだという。目方は七十五キロ（二十貫）胴体は口としっぽのところを除けば、ほとんど円形に近い。薄ぐろく、青っぽい色のなかに、ほのかに白い斑点のようなものがあって、よく見るとタイらしい色が何となく感じられる。

「どこでとれたの」

「羽田沖」

「へええ、羽田あたりにこんな魚がいるのかね」

朝鮮のほうでとれるが、クジラと同じで、たまには近海でもとれるという。

「何でとったの、こんなでかいの？」

「網ですよ」

「こんなの、どうして食べるの」

「煮たり、焼いたり――。さしみにもなりますよ」

「幾らくらい?」

「七、八千円。大きいのは畳一じょう、四十貫くらいのがあるね」

魚屋ならば若いものでも、このくらいのことは知ってるのかもしれないが、客でもない、通りがかりのものに、少しもうるさがらないで、応答が実にきびきびしているので、いっそう聞きたくなったのである。

とにかくマンダイというものをはじめて知った。

アサガオと乾山

広い四つつじの緑地帯にわたると、装飾電灯の塔に〝入谷朝顔市〟〝七月六、七、八日〟〝台東区北部観光連盟〟と出ていた。

ところでこの緑地帯には、セメント製の、大木の幹を削った形の面に
〝入谷乾山(けんざん)窯元の碑〟

と書いた碑が立っている。

さいきん偽物本物論議の旋風を起こして注目の的となった乾山。ついに乾山ノイローゼを起こし、乾山の偽物を作ってきたことを自ら告白するものも現われた。この乾山の窯元の碑である。

その向かって右には、乾山碑の半分くらいの大きさの幹に〝入谷朝顔　発祥之地〟と二行に書かれた碑が立っていた。

「台東区の名所と文化財」（昭和三四・三、台東区役所）によれば、日本陶器史上、特異な存在である乾山は、晩年、上野に近い入谷に住んで幾多の作品を残した。

乾山は名工尾形光琳の弟。寛文三年（一六六三）京都の富裕な呉服商雁金屋の三男として生まれた。初め陶法を野々村仁清に学び京都御室の鳴滝に移って乾山と称した。初めは兄光琳が陶器の絵付けをしたが、しばらくして自ら筆をとり、主として大和絵の花鳥に和歌を、山水には詩文を讃して、独自の風格のある作品を作った。

彼の作はその師仁清の華麗さにくらべて枯淡の味わい深く、気品の高さは師の仁清にまさっていた。

乾山は享保年間（一七一六—一七三六、八代吉宗）、上野輪王寺宮公寛法親王をたよって江戸に出た。法親王の庇護のもとに、上野に近い入谷の地を賜わり制作を続けた。この期の作品が俗に入谷乾山と呼ばれて珍重されているわけである。

晩年は本所六軒堀に住み、寛保三年（一七四三）六月二日、八十一歳で没した。あす（昭和三七・六月二日）はその命日にあたるわけである。

五　三つの市

アサガオ市

浅草は五月末から七月はじめにかけて、三日ずつ二回あった植木市や、七月九日、十日のホオズキ市（四万六千日）、七月六日から八日までのアサガオ市もすみ、お盆をむかえて七月十二日には草市があった。

初夏のおとずれと共にはじまった夏の風物詩ともいうべき市も、これで終わったわけである。

草市はつい行かずじまいだった。区役所の観光課の話では、今はさびれてしまって、ことしなども田原町の仁丹塔の下あたりに、一日だけ三、四軒しか出なかったが、昔は雷門から仁丹塔のところまで、広小路の通りいっぱいに出た。

仏さまに供える百味五果、つまりキュウリ、ナスなどの野菜やくだもの、これらを供える真菰（まこも）のござ、それから迎え火（十三日）や送り火（十六日）をたくイモがらと、それをのせる焙烙（ほうろく）などを売るのである。

久保田万太郎さん（明治二二・一一―昭和三八・五）は田原町三丁目、芝木好子さん（大正三・五）は馬道の生まれだが、物ごころついたのは、伝法院のまえの区役所通りにある舟和の筋向かいのつるやという大きな洋ガサ店の横通り、というのだから、二人とも草市のことはいちばんよく知っているにちがいない。

岡本綺堂の「箕輪の心中」にも出てくる。

「十二日（七月）十三日も盂蘭盆の草市で、廓も大門口から水道尻へかけて、人の世の哀れを一つに集めたような寂しい草の花や草の実を売りに出る。遊女もそぞろ歩きを許されて、今夜ばかりは武蔵野に変ったような廓の草の露を踏み分けながら、思い思いに連れ立ってゆく。禿（かむろ）の袂にきりぎりすの籠を忍ばせて帰るのも秋の夜である」

これは天明五年（一七八五）ころのことである。

三百種、三万鉢《ばち》

アサガオ市に出かけたのは、小雨が降ったりやんだりしたさいごの日であった。入谷の広い通りを坂本二丁目に向かっていくと、左がわに「入谷朝顔市」と筆太に書いたのぼりが一本立っていたので、そこをはいっていく。アサガオ市、入谷南公園、会場ご案内という立て札がたっていた。

とにかく公園へはいってみる。仮舞台ができていて、公園はひっそりとぬか雨が降っているばかり。木かげのベンチに高校生らしい学生が二人、カサもささないで腰かけていた。アサガオ市のある鬼子母神はどこかとたずねたが、彼らはここにいてもそれを知らなかった。

あとでわかったが、ここは「朝顔まつり」の音頭と芸能、「江戸趣味の東八拳」大会といった催しものの会場であった。そこでまた入谷の通りを坂本二丁目へ向かって歩いた。広いロータリーへくると、まえのと同じのぼりが二本立っていた。かどの店で聞いたら、なんのことはない。すぐ左がわの向かいかどに、よしず張りの小屋がけが見えていた。

出ている店は三十軒、歩道に沿って、ヤナギ並木の下にずらっと並んでいる。どの店もタナが三段で、互いにせりあうということもない。北部観光連盟のなかに〝朝顔委員会〟というのができていて、これらの店はみな、この委員会のもとにあるわけだ。

左手に真源寺と彫ってある大きなみかげ石の石柱が建っているが、日蓮上人と共に鬼子母神があわせまつられ、広く入谷の鬼子母神として知られている。

「恐れ入谷の鬼子母神、そこで有馬の水天宮、ほいと山谷のぢの神さん」

という大田蜀山人（文政六＝一八二三・四没）の狂歌は知らなくても「恐れ入谷の鬼子母神」という洒落言葉を知らぬものはないといってもいいだろう。

正面の本堂の右わきに「尾形乾山を偲ぶ楽焼」の看板をかけた店がある。入谷は乾山のゆかりの地である。子どもたちが三、四人、顔もあげないで一心に土のかたまりをくふうしているのが見える。本堂の左手にまわって、玄関でアサガオ市の委員から話を聞いた。

戦後に、アサガオ市がはじまったのは二十三年、それが公営になったのは二十五年からで、この年に北部観光連盟が創立された。

アサガオの種類は三百種くらい。ハチの数は三万鉢。業者は六十軒余。みな早咲きであるが、今はまだ一つも咲いていないようだった。というよりも、ざっと見て歩いただけでは目にとまらなかった。

栽培は江戸川園ほか一カ所に委嘱して毎年作らせている。市で売っている人たちは、仲買いを通じて買うことになっている。だから私営も、品物と値段について公営と同じ責任をもたぬわけにはいかぬだろう。値段はたしか八百円を最高に百円まであった。

ずいぶん落語家がきていた。志ん生、今輔、円右、小文治、桃介、可笑など、皆さん、アサガオ模様のそろいの浴衣で……。みんなで十人くらいか。

ことしの春、二十一人の落語家がお堂へ額を奉納した。それとは別に、昭和三十六年十一月吉日に奉納した額がかかっていた。「入谷鬼子母尊神御宝前」。そして朱の字の「春風亭」につづけて柳橋をはじめ円馬、枝太郎ら二十八人の芸名がつらねてあった。

——上人さんのお声がかりでお手伝いしよう、にぎやかしに。

と一人がいかにも落語家らしい調子で言った。

委員の話では、三日間の売りあげは三万鉢以上。熊谷、高崎、八王子、立川、鎌倉など、関八州から朝の一番でやってくるという。その話しっぷりは、ちょっと江戸っ子の威勢のよさである。

お富士さま

観音さんの本堂の東がわをまわって、広いトロリーバスの通りをわたり、向かいがわの町へはいっていく。トロリーバスの広い道でまったく遮断されたうえ、観音さんの裏がわにあたるせいか、いかにもこの土地だけの道らしい通りを歩く感じがする。右は馬道、左が象潟の、ずっとまっすぐに北に延びた道は、右に富士小学校、左に浅草警察署——元の象潟警察——のある四つつじに出る。

桶谷繁雄さん（明治四十三年生まれ、東京工業大学助教授）は田町一丁目に生まれ、この富士小学校の出身である。

四つつじの向かいがわの右かどは、道にそって二メートルほどの高さの台地になっている。ここがお富士さまと呼ばれている富士浅間神社である。石段の上がり口には、村の八幡さまのお祭りを思い出させるような大きなのぼりが立っている。

五月三十一日と六月一日、六月三十日と七月一日の、二日ずつ二回、お富士さまの植木市が立つ。その二回めの夜である。

狭い台地のうえに人間を立ったまま盛りあげたような人出で、足の動かしようもない。石段のあたりの、少しばかりのあいたところでは、白衣の傷痍軍人が四、五人くらい、小さい箱を差し出すようにして、しきりに口を動かしている。

右がわの細長い建て物の、札所らしいところは、近づくこともできない。雷よけといわれる、ムギワラ細工のヘビを売っているはずだが、それも見えない。

正面の本堂のほうから、人の頭のうえを越えて、ときどき、ぱあっと火あかりが見える。たぶん護摩をたいているのであろう。

数日後のことであるが、お富士さまはどんなところか、昼すぎに立ち寄ってみたところ、本堂はもちろん、札所らしい家も雨戸も締まっていて、西日がかんかんあたっていた。レコードを片手に持った少女が下から上がって来て、札所のまえを通って本堂とのあいだに消えて行った。やはり人が住んでいるらしい。戸袋のところであったか「富士の灸」と筆太に書いた紙がはってあった。

あの夜見た「富士浅間大神」ののぼり二本、鳥居のタケザサ、左右の柱にかけた大ちょうちん、左がわの道にそって石ガキのうえに高々と並べられた四十丁の、筆太に寄進者の店名を書いた灯籠……こういう光景はずいぶん久しぶりであった。自分のなかに消え去っていたものが生き生きとよみがえるようであった。

にぎわう植木市

おそくならぬうちに植木市を見て歩くことにした。

まずお富士さまと浅草警察の四つつじから西へむかって歩く。この広い通りは右が象潟三丁目、左が二丁目である。ここは植木市のうちにはいらぬのか、それともお富士さまの縁日というわけからか、植木は一本も出ていない。広いアスファルトの通りの両がわは、いまがいちばん美しい、しだれヤナギの並木である。そのみずみずしい葉かげで――。しゃぼん玉の水や、いろんな種類の花火、さまざまな自動車や動物の形をした、べっこうあめ。これはおとなにだって楽しいかも知れない。

手品のようにふわふわと空間に舞い出てくる真っ白な綿あめは、いつ見ても、まるで童謡みたいだ。

まるい、かわいいベビー・カステラ。このカステラの店のうしろの幕には、堂々と、純白糖、ハチみつ、卵入り、と使った材料が書き出されている。この、うたい文句だけでも、お客さんを尊重するゆえんであろう。

キンギョすくいを見ていると、目のまえで二十匹くらい、またたくまにすくった女の子がいた。ところが本人は、ちっともおもしろそうでなかった。まわりの子どもたちはその顔をみて、すっかり拍子抜けしてしまったらしい。

その隣はにぎやかだ。ヒヨッコ、白ウサギの子、頭のうえにはハツカネズミのカゴ、まわりどうろう、もう秋の虫もみんな出ている。かと思うと、いりたての豆の店には珍しく去年のシイの実があった。

なかなかユーモラスなのは、一個三十円のイヌやバンビ、箸などを売っている「骨製美術工芸品」という堂々たる店に、都知事東龍太郎の感謝状にかざられたタケの耳かきがあった。一個二十円から百円、どんな耳かきなんだろう。人の名まえは妙なところでぶつかるものだ。

さきのお富士さんへ行く道の、トロリーバス通りから二つめのかどを、左へ広い道をはいって行くと、右かどに花柳界の検番のあるところへでる。この道から北の、これと並行した広い三つの通り、ここに植木市はひらかれる。

また、この三つの通りに南北に交わる通りも、もちろん植木市に含められるが、これは鉢物や草花、熱帯植物などにかぎられ、これに対して東西の通りは、灌木類もあるが庭木といわれるものがほとんどである。東京はもちろん、神奈川、埼玉、千葉、群馬など、関東一円から出品されている。

第一回の市には、二十万円という槙の木があった。自動車でやって来て、ほしいものを定めてさっと帰って行くものもあるが、老若を問わず、夫婦で庭でも楽しむように散歩している姿は、ほかでは見られない。

ここへくる途中で、観音さんの西がわのほうから出て来た若い夫婦らしいのが、ツツジのハチをかかえて帰って行くのにも出あった。

トリの市

十一月十八日は二の酉（とり）であった。お富士さんの植木市、入谷の鬼子母神の朝顔市など、下町は山の手よりも、移り行く季節のふぜいが身にしみるように思われる。

少し雨がパラつきそうであったが、十七日の夜おそく、電車がなくならぬうちに出かけた。国際劇場の広い通りは、鷲神社（おおとりじんじゃ）のほうにむかって走る自動車の列で切れめがない。行く手のお酉さんのまえあたりは、車を整理する巡査のちょうちんが、暗いなかに、しきりに動いているのが見えてくる。もう十二時をまわっただろうか。

豆しぼりのはち巻きに紺の法被（はっぴ）の若い衆が二人、お多福のまっ白な面だけが異様に光って見える大きなクマデを、リヤカーに積んで、これからとばかりに威勢よく追い越していった。

はじめて来たお酉さまは、金文字で鷲宮と書いた金ぶちの額のかかっている、みかげ石の大鳥居が歩道にむかって立っていた。その左右には「鷲神社」と大きく筆太に書いたのぼりがときどき小雨のぱらついてくる暗い夜空にじっとりとたれている。これは「地内商人」たちの奉納したもの。祭神は鷲大明神で、開運の守り神さまである。この大明神の祭礼を酉の市ともいっているわけである。

広く知られているように、さいしょの日を一の酉、つぎを二の酉といい、三の酉の日のある年はその冬に火事が多いとされている。

みかげ石の大鳥居の下に、さらにそれと重なっているもう一つの木の鳥居には、赤く「酉の市」と書いた左右のちょうちんにはさまって「鷲神社大祭」の字を一つずつ書いた五つのちょうちんが、横書きの額のように並び、そのうえにひさしの浅い屋根がついているのである。

　少々こまかく書いたが、この小さなちょうちんにかざられた屋根つきの鳥居が、ずらりと並んだ酉の市の店を左右にひかえて、つきあたりの社殿まで参道のうえに一定の間隔をおいて五つ立っていた。いかにも下町風の長い伝統をもった、酉の市のための飾りつけといったはなやかさがあった。参道の、コケとほこりにくろずんだ、ふだんのままの石のコマイヌは、まったく、まわりとの調和の外に置きざりになった形だ。

　参道の正面の右手にある開運御守場のうしろに、つぎのようなはり紙がしてあった。

「安政六年発行　絵本江戸土産　六篇
浅草酉の町、浅草大音寺前に在り。日蓮宗長国寺に安置したまふ鷲大明神と世にはいへど、実は破軍星を祀りし也とぞ、十一月酉の日には参詣の諸人群集なし、熊手に唐の芋をひさぐを当社の例とす」

　破軍星（はぐんせい）とは、北斗の第七星である。剣の形をなし、陰陽家（おんようけ）では、その剣先のさす方角を万事に不幸なりとして忌んだ、と広辞苑などには書かれている。いずれにしても鷲神社が開運の守り神さまとして「参詣の諸人群集なし」ということにまちがいはない。

ごった返す鷲神社

この神社の前から左へ直角に曲がると、右が神社とむねつづきの日蓮宗の長国寺である。さきの「絵本江戸土産」にあるように、明治元年（一八六八）神仏習合が廃止になるまでは、この長国寺に鷲大明神を「安置したまふ」ていたわけである。

このカギ形の境内は、両側とも、間口と奥ゆきが二・七メートルくらい、軒先が五メートル近くの高さにはねあがった、ヨシズばりの小屋がけが、カギ形の境内に沿ってずらっと並んでいる。店の数は約二百軒たらず。つまりこの境内だけでなしに、境内を中心に付近の町家の横町から横町へと酉の市は「やわたの藪知らず」のようにひろがっていた。

本堂前に「六番組」と筆太に書いたちょうちんがさがっている。これは江戸以来の火消しのトビの組である。

酉の市の印象は、何から何まで生きのいいということである。ヨシズばりの内がわは三方とも青々とした杉の葉でかこい、大小さまざまの熊手が真っ白なおかめの面を光らせて並んでいる。正面の高いところにはいちばん大きな熊手がかざってある。柄はすべて青竹で二メートル以上の長さの太いのもある。

クマデといっても、青竹の柄の先は杉の葉をびっしりと熊手の形にあんで、そのてっぺんにおかめの面がかざってあった。熊手の先のまがったところが、ひとつひとつ鈴をつけて杉の葉の上にのぞいている。その趣向にはやはり文化・文政の菊人形の豪華な人工美に通じるものが感じられる。

午前一時ごろともなれば、もう身動きもできぬほどである。お酉さまの客はひとりでくるものは少なく、とくに若いものは集団でやってくる。クマデが売れると「ようッ」の掛け声につづいてシャンシャンシャンシャンと手を打って「しめる」のである。その生きのいい調子があちこちからきこえてくる。おもしろいのは、三千円のものを客と話がついて二千五百円で売るとする、そこで客は千円を祝儀袋に入れる。とにかく縁起ものだからである。店の人はこれが気分ですといっていた。やはり酉の市は毎年くるおなじみ客が多いようである。白黒の絞りの太い帯に紺の法被、白い輪のなかに「金龍」と白くぬいた背中をみせて、紺足袋に麻裏ぞうりといった身なりが、店先に立っているのが目につく。

樋口一葉は『たけくらべ』に明治二十四年ごろの酉の市をこう書いている。

「此年三の酉まで有りて中一日はつぶれしかど、前後の上天気に大鳥神社の賑ひすさまじく、此処をかこつけに検査場（注・もと吉原のくるわ内にあった病院か）の門より乱れ入る若人達の勢ひとては、天柱くだけ地維かくるかと思はる、笑ひ声のどよめき、中之町（注・くるわ内の本通り）の通りは俄に方角の替りしやうに思はれて」

と酉の日の吉原を書いている。いまは遊廓はなくなったが、やはり若い人たちでお酉さまにひとりでくるものはほとんどないようにみえた。

第四の歩道　下町の趣にひたる道と路地

一　浅草

〝大正〟残す広告塔

雷門から田原町のほうを見ると、電車通りの突きあたりの正面に、仁丹の広告塔が見える。てっぺんに、例の編みがさのような形の帽子をかぶった大礼服に八字ヒゲをはやした半身像がのっかっている。大正っ子にはおなじみの広告塔であるが、戦災にもあわなかったのだろうか。

塔には「東京名物浅草仁丹十二階広告塔」と書いてある。浅草の名物だった凌雲閣の十二階を型どったものか。なんとなく大正時代の浅草といった感じが思い出される。

ところがこの雷門通りは、仲見世の入口の筋向かいにある牛肉屋の松善など、明治時代からの店であるが、新築のせいもあってか、いかにも新興浅草といった感じがする。雷おこしも、いまや製造はオートメーション化し、それを宣伝文句にうたっている。この通りはまた実に銀行の多いのが目につく。浅草に毎日落ちるこまかい金が、ざらざらと音を立てて銀行に流れこむのが目に見えるようだ。

ところが突きあたりの仁丹の広告塔から左へ曲がってゆくと、町の感じまでが、なんとなく仁丹の広告塔にぴったりするような、昨日の浅草への郷愁をそそるのである。

左へ曲がってすぐ右がわに、昔からのヘビ屋がある。表の店がまえは昔と変わっていないようだ。小雨にぬれている歩道の地べたに、ワシの子らしいのがつないであった。猛キン類ともあろうものが、よちよちと地べたに立っているのは、いかにも情けない話だが、こやつ、まるで幼稚園の生徒みたいに、きょろきょろと通行人を見あげているのである。

遺骨安置の等光寺

田原町の電車通りは百メートルくらいで広い四つつじを右へ曲がり、菊屋橋をへてまっすぐに上野駅へ通じている。仁丹の広告塔と、この四つつじとの、まんなかあたりの右がわに、クツ安売り王と称する店と山叶証券浅草営業所とのあいだをはいる道がある。この道のじき先に四つつじがあって、その右がわの向かいかどに等光寺というお寺がある。

これが石川啄木の友人で、歌人としてともに世に出た土岐善麿さんの生家である。門をはいって右手、コンクリートの塀を背に啄木の歌碑がある。

浅草の夜のにぎはひに
まぎれ入り
まぎれ出で来しさびしき心

啄木の第一歌集『一握の砂』（明治四三・一二）の冒頭の「我を愛する歌」のなかの一首である。ほかに浅草をうたったものに、

浅草の凌雲閣のいただきに
腕組みし日の
長き日記かな

という歌がある。『一握の砂』のなかには公園をうたったものが六つばかりあるが、それらは、ただ公園とだけいって、それが浅草なのか、あるいは上野なのかよくわからぬが、どうも浅草ではないらしい。

石川正雄（啄木の女婿）さんのしるすところによれば、啄木の葬儀は明治四十五年（一

九一二）四月十五日——死の翌々日——等光寺（真宗大谷派）で営まれ、遺骨は一時、自宅（小石川久堅町七四）に安置されたが、遺族は東京生活のあてがなく、身のふり方をつけるため、遺骨を——母（同年三月七日死去）のとともに——等光寺にあずけた。

老父は室蘭の姉娘のもとへ、そして妻の節子は胸を病む身を、房州北条からやがて函館の実家へもどったが、余命いくばくもないと感じ、函館を墳墓の地と決め、等光寺にある遺骨を引きとることにした。

遺族代理として、故函館図書館長岡田健蔵氏が上京、等光寺から遺骨をひきとり、函館に帰ったのは啄木の一周忌に近い大正二年三月二十七日であった。

未亡人節子も、啄木の一周忌（四月十三日）すぎになくなった。そこで室蘭にいた啄木の父一禎と相談のうえ、節子の希望通り、函館市立待岬に墓地を求めてそこに葬り、かくて一家はようやく一つところに眠ることになった。

啄木の歌碑

歌碑は昭和三十年十一月二十七日除幕式。早稲田大学教授石川栄耀氏（啄木の母校盛岡中学の同窓生）の設計になるもの。縦約一メートル、横一メートル五十センチ余の黒大理石。左上に啄木の胸像のリリーフ（本郷新作）が刻まれている。左右に矢竹や八つ手などが茂り、碑の立っている壇のまえにはじゃりが敷かれ、いかにも管理がゆきとどいている感じであった。

正面の本堂は戦災で新築中。左手の泉水にかかっている三枚のみかげ石を互いちがいに並べた橋をわたると、四畳半の離れがある。主人はしきりに木の面を彫っていた。話しながらも手を休めない。歌碑の見学に日曜なんか団体がよく来ること、数字的には学生がいちばん多く、昨日（日曜）なんか三校来たとのことである。

土岐さんの歌集『緑の斜面』（大正一三・六）にこんな歌があった。

なまけものとただ一概に責めたりし甥の彫りたる面のたくみさ

その父にかくれて甥の通ふといふ面師がもとの仕事場のすみ

土岐さんの兄の子にあたる方である。帰り道に、お面は趣味でやっていると主人がいったのと、この歌とを思いあわせて、自分の顔に微笑が浮かんでくるのがわかった。

修学旅行のメッカ

久しぶりに浅草へ出かけた。ちょうど土曜日であり、たいへんな人出である。しばらく来ないうちに、浅草もだいぶん変わった。

瓢簞池を埋めてしまって、子どもの楽天地ができたと思ったら、こんどはそこに七階建ての「新世界」ができた。はじめてはいってみる。

入り口の左わきにジューク・ボックスがあって、生徒が三、四人立って聞いている。藤木孝の〝アダムとイブ〟である。この静岡出身のポピュラー・シンガーは育ちがいいというので人気があるらしい。

「君たち、どこ?」

「登別市の幌別」

ああ北海道からか。彼らは中学三年生である。こちらはジューク・ボックスなど、金をどこへ入れてどうすれば希望の曲が聞けるのか、さっぱりわからぬので、感心してしまう。

彼らは十六日室蘭を出発、江ノ島、鎌倉、日光などまわって来て、今晩(十九日)帰るのだという。総勢四百三十人余。

この東京を中心とするコースは、半世紀近くまえに、自分たちがいなかの中学の四年だったときの、修学旅行のコースとまったく同じなのにはおどろいた。同じなのに、そこに半世紀近くのギャップがあるのに、とまどってしまった。

「東京はどう?　びっくりした?」

「室蘭へ行ったような感じで、びっくりしなかった」

「自動車と信号が多いのにはびっくりした」

するとと横あいから

「ごみごみして」

と、つぶやくように言った生徒がある。その低い調子はなかなか性格的であった。

歩いている生徒たちは、女子も男子もみんな包みをさげている。ブロマイド屋の前には、同じ学校の女子学生がかたまっていた。

「だれが好き?」

と聞いてみた。彼女たちはたがいに顔を見あっていたが、一人の子がみんなに相談をもちかけるように、小声で言った。

「島倉千代子ね」

女の子と男の子とでは、やはり地方では、歌謡曲の島倉千代子とポピュラーの藤木ほどのちがいがあるのだろうか。

向こうのかどにはまた、男子の生徒だけがだいぶ集まっている。ガン・コーナーだった。ピストルもあれば小型の鉄砲もある。だいたい五、六百円から千円程度。店のおばさんが何を言ってもみんなだまりこくっていじくりまわしている。

ひとりの生徒にからだをくっつけるようにして、そっと聞いてみた。

「ね、何にするの、ピストル」

「マスコット」

どんなわけかは聞いてみなかったが、ピストルやガンが少年たちのマスコットになるとはおどろいた。

外に出てショーウインドーを見ると、地下二階は温泉で疲れをいやし、キュッと一杯やるところ、それから一階の演芸大広間で、のど自慢、腕自慢を楽しむ、ということになっている。戦後こういったものの先駆となったのは、規模の大きいものでは、たぶん船橋のヘルス・センターだろうが、ビルの地下にそれがあるのは、さすがに浅草である。

いずれここへは、ゆっくり出なおしてくることにして、国際劇場まえの広い通りに出て行く。

ここでも修学旅行組に出あった。ちょうど国際劇場から出てきたところ。女生徒ばかりである。

「君たちはどこ？」

「宮城県仙台市です」

ただ仙台とはいわぬ。緊張してしまったのか、先生から指示されてきたのか、実にきちんとしたものである。次にやってきた三人連れの女生徒に、こんどは
「おもしろかった？」

と、たずねてみた。そのとき一人が、横あいからだれかの名を早口に言いかけた。その瞬間みんないっせいに腰を曲げ横を向いて、キャアッと笑いだした。あれはどうも男の名

みたいだったが、映画(「流し雛」)の佐野周二かな。まさか。やはり歌劇団の男装の麗人にちがいない。

劇場の入り口の外に立っている係りの方から、いろんな話を聞いた。三月から四月をピークに五月半ばまで、修学旅行が一日に四千人から五千人、外国人も多い。修学旅行の名物の雨が降った日は、いっせいにスケジュールが変更になってここへ押しよせる。

小学生でも、動物園は雨が降ると動物たちが穴のなかへはいってしまっておもしろくないというので、ここへ来るんだそうである。ああそうなんですかと思わずあいづちをうった。

さいごに——浅草は旅行の最終コースで、上野はすぐそこにある。東北、北陸をひかえて地の利を占めている。日劇さんはバスの駐車するところがないのでお気の毒です。ここは土地の発展のために、駐車禁止がないというのである。

地方の会社員らしい二十人ばかりの人たちが、正面玄関を斜めに背景にして記念写真をとっていた。

夜の十一時近くであった。観音さんの拝殿のまえにでてくると、はたち前後の女一人、男三人が水屋のところへ寄って行った。おきよめをしておまいりするのかと思ったら、飲んだっていいいんだろう、と言いながら、一人がごくごくうまそうに飲みだした。娘さんは、あれあれとか何とか言いながら、まるで調子でもとっているようにして見ていた。

もうこの時刻には、どこの通りも人通りがなくなる。お店で働いている人たちが、いかにもぼんやりと通りへでて立っているくらいのもので、見通しのきく遠くから、それがぽつりと見える。

東武の駅に近い通りへ出ると、ずっと先に十五、六の女の子が二人、何かしているらしく、たがいにちょっと離れて立っている。通りすぎるとき、ひとりの女の子の足もとを見ると、つまさきにビールの王冠が光っていた。それはとても小さく見えた。彼女たちはビールの栓で石けりをしているらしかった。

浅草公園

浅草は銀座あたりとちがって毎日が縁日みたいなにぎやかさである。だから浅草が地元だけの浅草になるのは、夜おそくか、朝の、ほんのひとときである。

大正の終わりごろから昭和のはじめころは、そういう浅草が好きで、鶯谷から友だちとよく出かけたものである。

仁王門は戦災で焼けてしまったが、まんなかにぶらさがっている大きな提灯に、きらきらと朝日がさしてくるころになると、毎朝、かならずそこに一人の男が立っていた。

紺のにおうような、パリッとした法被（はっぴ）、まっ白な鼻緒の、つま先がそり返ったような麻裏ぞうりに紺のたび……。ときどき鉈豆煙管（なたまめきせる）を出して、すぱりすぱりとやっている五十年配の男である。

彼は浅草に一つのなわ張りをもっていた。それは一種の独特な地上権であった。つまり雷門まえの電車通りから観音さんの境内、六区などにわたって、地べたに落ちている銭を拾う権利である。

明け方ほのぼのと地面が見える時刻になると、何人かのこじきをつかって、それを拾って歩かせるのである。

彼が毎朝こうして仁王門のところに立っているのは、こじきたちが拾いあつめた金を受けとるためであった。

こじきたちは浅草では道に落ちているものを拾う自由もないといって、憤慨したものだが、そのうちに、このこじきの親方の娘が赤坂の有名な芸者だといううわさが耳にはいってきた。

たんなるうわさかどうかはわからぬが、たまたま仁王門の提灯の下に立っていたにすぎない男のことが、こんなふうにわかってきて、それがかえって何だか不思議でならなかった。

こじきたちはお金を拾う自由はなかったが、カフェーやレストランなどが店をあける時刻になると、店のまえの道路をそうじして、そのお礼に前の日のお客さんの食べ残しをもらうということがあった。こじきたちにはそれぞれのお得意がきまっていて、生活は「安定」していたのかも知れない。

ところがこのころ、瓢簞池の観音さん寄りのあたりは、池のふちの、どの石にも、ぼんやりと腰かけている男たちがあった。同じ石のうえに甲羅（こうら）を干しているカメたちも、彼らには慣れっこになっていた。

なかにはこじきもいるが、ルンペンだか通りがかりの人だかわからぬのがいる。つまりまだルンペンになったばかりの、どこか生々しい、ぎこちない感じのやつもまぜこぜである。

友だちがそこへ行って、いっしょに日なたぼっこをしていると、隣の男が何かぶつぶつ言っている。耳を澄ましていると、カントがどうだとか言っているのが耳にはいった。友だちはびっくりして戻ってくると、その話をしながら、自分でもう一度びっくりしてしまった。

当時は、こういった日なたぼっこのなかには、北海道から出てきたばかりといったインテリもいた。

――このころから二、三年後であったと思う。飯田橋に知識階級職業紹介所という看板を出した東京市の事務所ができた。

下村千秋らがルンペン文学を唱えたのは、この時期ではなかったかしら。旧東海道の、道ばたの裕福そうな構えの家は、職をもとめて西へ西へと移っていく人たちの訪問を日に何回となく受けたといわれる。

戦後、石田一松が演歌師の歌とバイオリンで国会に打って出たとき、ずいぶん久し振りで浅草の演歌師を思い出したが、浅草から演歌師の姿が消え去ったのは、いつごろからだろう。

安来節の木馬館

とにかく浅草で演歌師を見たさいごは、大正十五年か昭和二年ころの夏で、瓢箪池に沿った映画館のあたりであった。それは若い夫婦で、女房は赤ん坊をおぶって、パンフレットの歌曲集を売っていた。

男がバイオリンをひいて歌っているあいだは、彼女もお客さんといっしょに立っている。すると、ちょっと間をおいては女房のあいているほうの手がそっとたもとをつまんで、おしりのあたりや肩のあたりを、ふうわりと払うのである。

こんなところにも、蚊が出るようになったらしい。まだ震災後、もとのようには復興していなくて、あちこちに夏草のしげった焼け跡のままのところがあった。その焼け跡のうえに、ちょうど黄色い月が沈みかかっている。そういう背景のなかで、彼女が赤ん坊のカを払う無意識のしぐさを見たわけである。

浅草公園のなかで震災にも戦災にもあわないで、現在は安来節を主とした興行で一般に親しまれているのは木馬館——一階は映画館になっている——であろう。

佐多稲子は大正五年（一九一六）十二歳のとき、この木馬館と向かいあった、中国人経営のシナそば屋に働いたことがあった。そのときのことが「お目見得」という短編に書かれている。

このほかに「レストラン洛陽」という、かなり長い作品があるが、これらの作品のように、浅草で働き、生活したものとして浅草を書いた作品は、おそらく、ほかにないだろう。

「彼女をその店へ連れて来た口入屋の老婆ももう帰ってしまった」

「そこはある盛り場の横町にある小さな、箱のような支那そばやである」

「料理場との仕切りの板をはずして主人が出て来た。四十位の肥った支那人である。ひろ子は黙って身をかわした。

〝ちいちゃい姉ちゃん皮剝けるか〟」（注・ジャガイモのこと）

「三月始めの白い日光が、前の木馬館の青く塗った札売口に斜めに線を引いている。もう身仕度して遊びに来た人たちが歩いて行く。ひろ子は自分がまだ朝飯も食べていないことを思い合わせて、自分の今居る場所がかけ離れて違ったものだということを考えた」

これは大正時代の古い浅草の一つのシーンに過ぎないが……。

浅草六区

昼すぎから雨がびしょびしょ降り出した夕がた、南千住ゆきの都電で浅草に降りて新仲見世通りから観音さんのまえに出ていくと、本堂のわきを裏のほうに急ぎ足で帰っていく娘さんを見た。カサがなくて、首をすくめるようなかっこうをしていた。同じ電車で降りたんだろう。天気のよい日ならば、ラッシュ・アワーの電車から、ひとりぽつんと抜け出してきた、そんな姿も、公園の人出にまぎれて眼にはつかなかっただろう。

雨の夜の六区は、ちょうど日曜の翌日でもあるせいか、人かげもまばらだ。露店の飲み屋にたった一人、奥のほうに場所を大きくとって、まっ赤な顔を電灯に光らしているのが見える。高校生らしい制服の三人が、映画館まえの石だたみのうえに、カサもなしに棒立ちになって、早口に話しあっている。映画を見ることにするかどうかということらしい。

こんな雨の夜の宵は、みんなもうおさまるところにおさまって、この、どこからやってきたのか、高校生だけが、石だたみのうえにとり残されたみたいである。右手の新世界には電灯があかあかとついているのに、なかに人っ子ひとり見えない。これはデパートとしては珍しい総合娯楽のデパートである。おそらくこんなデパートは浅草にしかないだろう。が、やはりデパートだから月曜日は休みであった。あまり静かなので、浅草にも休日があったのか、とつぶやく。三、四、五月の観光シーズンも過ぎ、七月の盆日をまえにして、ちょうど日曜の人出のあくる日で、小雨が霧のように音もなく降っている宵である。

浅草のいちばん静かな瞬間にちがいない。

大正の終わりごろのことであった。冬の夜ふけに六区を歩いていると、どこからともなく下駄の音が聞こえてくる。いてついた、かわききったその音は、六区の映画街の谷間に、はねかえるようにさえかえっている。

思い出は、その歯の薄い下駄の、女らしい、こきざみな、いそいそとした下駄の音であった。近づいてくるにつれて、その音は歩きかたがだんだんはっきりとしてきて、自分の待っている人のであるならば、ゲタの音の主が、それとわかるようになってくる。こんなゲタの音も六区から消え去ったであろう。

観音様と瓢箪池

大正十二年（一九二三）九月一日の関東大震災で、浅草から凌雲閣がなくなったが、その塔影さかしまに映るといった趣をなしていた瓢箪池も、昭和二十七年七月、売りに出され、埋め立てられてしまった。二十年三月の空襲で焼失した観音さんの本堂を建てる費用をつくるためであった。

新本堂は八年かかって昭和三十三年十月完成（総工費約三億五千万円）。鉄筋コンクリートの入母屋（いりもや）造り。コンクリートの屋根がわらの総数七一、六二六枚、棟が高くて屋根の勾配が非常に急であるのが特色だといわれる。こうして本堂ができて、瓢箪池はなくなった。

ところが映画街ともいうべき六区は、明治十七年（一八八四）浅草公園地の区画改正のとき、瓢箪池を掘った土でできたものである。だから、それがまた埋め立てられ元へかえったわけでもある。

ひと口に瓢箪池といわれているが、観音堂の裏寄りに小さな池があって、中間に摺鉢山《すりばち》があり、六区の映画街に面して大池があった。この三つがつながって瓢箪池の形をなしていたわけで、大池には中の島があった。

瓢箪池にそって映画館の通りを北へ向かっていくと、浅草東映にぶつかる。この映画館が元の凌雲閣のあったところ。

明治二十三年（一八九〇）十月、東京大学の雇い教師、英人バルトンの設計によるもの。赤煉瓦を八角に積み、高さ六十六・七メートル、三階から八階までは売店を設けて世界各国の品物を売り、九階は上等休憩室、十階には眺望室、十一階には五十燭のアーク灯を二つつるし、いちばん上の十二階には三十倍の望遠鏡が備えてあった。入場料八銭。エレベーターもあったが危険だというので禁止された。

現在このあたりで古いことを知っている人はほとんどないらしい。すぐ横のひさご通り（新仲見世）の米久は古いが、震災当時のおばあさんはなくなり、今は経営者が変わっている。そこで横町の六十五歳になるおばあさんをたずねた。

おばあさんは震災のとき龍泉寺町に住んでいた。凌雲閣は上だけがすぐに落ちたことや、たつまきの煙で空がまっかになったことなど、おばあさんから聞くと、やはり生き生きと実感がこもっていた。

栗島すみ子の「枯れすすき」があまりはやったものだから枯れすすきになってしまった、みんなでそう言っていましたよ、とおばあさんは笑った。凌雲閣のあたりは、いつごろから十二階下といわれるようになったのだろう。石川啄木の明治四十二年四月十日のローマ字の日記には、

「いくらかの金のある時、予は何のためらうことなく、かの、みだらな声に満ちた、狭い、きたない町に行った」「予は去年の秋から今迄に、凡そ十三―四回も行った。そして十人ばかりの淫売婦を買った」

と書いている。もちろん啄木にとっては、これは生涯のまったく特殊な一瞬であった。

翌十一日には金田一京助と二人で、吾妻橋から川蒸気に乗って、千住大橋まで隅田川をさかのぼった。「始めてみた向島の長い土手は桜の花の雲にうずもれて見える。鐘ケ淵を過ぎると眼界は多少田園の趣きを帯びて来た。筑波山も花曇りに見えない。見ゆる限りは桜の野！」と日記に書いている。同じ浅草を背景にして、なんという明暗の鋭い昼夜であろう。

二　隅田川畔

弁基法師の歌

今戸橋のあたりで昔からの面影を残しているのは、聖天さまの本龍院の土塀（ついじ）くらいである。延長二十五間（四十五メートル）、広重の絵にも出てくる、あの土塀である。かわらとまっ白な土とを交互に積みかさねていって、上はかわらぶきの棟（むね）になっている、あの黒と白の横縞の美しい土塀である。これだけは広重の錦絵に描かれた姿で江戸時代の名ごりをとどめている。

関東の大震災にも、二十年三月の戦火にもあっているが、現在、向って右がわだけは残って江戸時代そのままの趣をなしている。焼け跡の、なんにもない、文字どおり一望千里の下町のなかに、まるでお城のように立っていた塀である。そばへ寄って、そっとなでてみると焼けただれたかわらの下から、赤土が音もなく落ちる、と惜しまれている。

江戸名所図会には

「浅草の待乳山は新勅撰に入りける弁基法師の歌、

まつち山夕越え来ればいほさきの隅田川原に独かもねん

とよめる旧跡とかや、今待乳山と題する碑あり」

と書かれている。「夕越え来れば」は浅草寺の網野宥俊さんが「夕越え行きて」と書いているのが正しい。この歌は万葉集（巻三）に次のような形でのっている。

弁基歌一首
亦打《まつち》山夕越え行きて盧崎《いほさき》の角《すみ》
田河原《たがはら》に独りかも宿《ね》む
右、或は云はく、弁基は春日蔵首老《かすがのくらびとおゆ》の法師の名そといへり

つまり作者は弁基という僧だったが、大宝元年（七〇一）三月十九日還俗（げんぞく）させられ、姓名と位とを賜わったという。弁基にはほかに、万葉集巻一に

或る本の歌
河のへのつらつら椿つらつらに見れども
飽かず巨勢《こせ》の春野は

というおもしろい歌がある。
ところで、この僧弁基の歌の亦打山や盧崎の角田河原は、東京の待乳山でも隅田川でも

なかった。

　網野さんは、この万葉歌人の僧弁基の歌は、現在の和歌山県伊都郡の和歌山線隅田駅から、東方四キロにある真土山（まつちやま）をよんだ歌で、関東の待乳山ではない、といっている。この隅田川は吉野川の支流で、高野山や待乳峠のふもとを流れていて、古来、有名な河川の名になっていた。

　待乳山は真土とか亦打とも書いて「まつち」とよむので、東西変わりはない。関西の大和と紀伊を境する「まつち山」も、当初は「待乳山」と称したらしい。

隅田川のいわれ

　では、東京の待乳山や隅田川は、どうしてそう呼ばれるようになったか。この点についての網野さんのお考えは、たいへん教えられるところがあった。

　まず武蔵の隅田川は文献のうえでは「類聚三代格（るいじゅうさんだいきゃく）」の承和二年（八三五）六月二十九日の太政官符の条に出てくるのが初見のようである。――つまり武蔵国と下総との両国の境の住田川は渡し船がこれまで二艘であったが、今二艘を加える。古河など、崖岸（がいがん）が広遠で、橋を造ることができないから、かく船をふやすことにする、というのである。

　住田川は隅田川であり、浅草辺がだんだん交通頻繁になったことが、これでわかるわけである。武蔵国ははじめ東山道に属していたが、交通の便宜上、宝亀二年（七七一―四九代光仁天皇）十月から東海道に編入され、やがて隅田川の渡船なども倍加されるほど往来の要衝となったものとみられ、右近衛中将在原業平（八二五―八八〇）の東国下向の伝説もこのころのことであった。

　こういう点から類推して、武蔵の隅田川は、おそらくは奈良朝時代からの河川の名だろうと思われる。しかもその沿岸には松の茂った丘陵があり、風景もすぐれていたために、京の都からの旅行歌人たちにより、大紀の境にある待乳山がしのばれて、同名の山の名が生まれるようになったのではないか。

　そんなことで江戸時代には、さきの弁基の歌を、武蔵の待乳山や隅田川をよんだものと解釈した人もあったくらいである。それほど待乳山は古くから歌所であった。江戸時代になって俗謡にさかんにうたわれた待乳山は武蔵の、というよりお江戸の待乳山で、大紀の待乳山ははやくから影が薄くなってしまった。――網野さんはだいたい、こんなふうに考えておられる。そこで俗謡を少々……。

「花川戸恋をまつちに三めぐりや云々」（ときわ津の両顔月姿絵）

「色のせかいにすみ田川。深いあさいはよくふみわけていほ崎の。いつもくるわを花川戸。まつちに残す里詞《さとことば》。云々」（富本節から）

聖天さまの横田真精さんは、昭和二十七年十一月中旬、念願かなって、未知の地でありながらなつかしさをおぼえつつ和歌山県伊都郡の隅田村と、その東方にある真土山(まつちやま)を実地に踏査し、「紀州真土山紀行」を書いている。

網野さんによれば、往時、浅草の花川戸(旧称、鼻河津)や今戸(旧称、今津)などは、諸国からの船舶が入津(にゅうしん)したところであって、江戸湾からこの浅草に向かう船や、漁帰りの船などは、いずれもこの待乳山をめあてとして帆をはらましたものであるという。こういうこともこの山が諸国に知られる一因となっているかも知れない。

この山も、日本堤を築造するさいには、かなり削りとられたらしいといわれる。ともかく今日でも、今戸橋と聖天橋のあいだに、船宿が二軒、山谷堀の岸うえに棚のように建っている。これからそこをたずねてみることにした。山谷堀が今どんなにおいがしようと、とにかくはるか「江戸湾」を相手に暮らしているのである。

待乳山をめぐって

いままで隅田公園から見ていただけの、聖天さまの待乳山に登ってみた。

山の下にある本龍院——観音さまの浅草寺の支院(さいきん独立した。)——の横から低い石段をのぼると、すぐ左手わきに、トーキー渡来碑というのが建っていた。まったく思いがけぬ珍しい碑である。碑文によれば——リー・デ・フォーレスト博士(アメリカ)はラジオの父と仰がれ、無線電信、電話の開拓者で、大正十二年(一九二三)トーキーを発明した。

――翌十三年、高峰譲吉（一八五四―一九二二）――タカ・ジアスターゼや強心薬アドレナリンの発見・創製者――の令息エベン氏来日のさい、余はトーキーの詳細をきいて将来に着目、翌十四年渡米して、博士の好意により東洋におけるトーキーの製作及び配給権を獲得し、米人技師を帯同して帰国。一般に公開した。トーキーのわが国に将来せられた、これが初めてである。

以来、余はわが国におけるトーキーの製作を企図し、日本人技師をフォーレスト博士のもとに派遣して技術を修得せしめ、余の渡米もまた前後九回に及んだ。

大正十五年、大森のスタジオにおいて撮影を開始し、ミナトーキーの名を冠して「黎明」「素襖落（すおうおとし）」「大尉の娘」等の劇映画を完成した。これがわが国におけるトーキーの製作の濫觴（らんしょう）である。

いまやトーキーのわが国に渡来してより三十年を閲《けみ》するも、フォーレスト博士の発明形式は依然として各国に踏襲されている。博士の業績偉大なりというべし。

加うるにわが国テレビジョンの発足もまた実に博士の力によるものである。昭和二十三年、フォーレスト博士は極東軍総司令官マッカーサー元帥を介して余に日本におけるテレビジョンの創設を慫慂した。余は正力松太郎にその意を伝えた。正力氏はつとにテレビジョンの創設に意あり。フォーレスト博士の勧奨を機とし、氏独自の構想をもとにテレビジョンの実現に努力し、遂に昭和二十七年、テレビジョン電波許可の第一号を受け、翌二十八年八月三十日、日本における最初の電波を出した。

今日トーキーの普及発達は実に目ざましく、テレビジョンの普及もまた瞠目に値す。フォーレスト博士の文化に貢献するところ大なりというべし。ここに余の旧縁の地、待乳山の名跡を卜して碑を建て、トーキー渡来とテレビジョン創成の縁由を刻して博士の功績をたたえ、あわせて報恩の微意を表す。

建設者　皆　川　芳　造

昭和三十一年五月吉日

皆川さんはいまは故人となった。

毎日見ているテレビが、昔から世界的に有名な胃の薬のタカ——高峰のタカ——ジアスターゼにまでつながりがあるとは、——テレビジョン電波許可の第一号が正力松太郎さんであることと共に——縁は異なものである。

低い石段をもうひとつのぼると、境内は広い平地になり、参道の左がわに、前衛芸術の彫刻かとも見える、まっ白な、細長い浪曲相輪塔が立っている。昭和十八年に日本浪曲協会が建てたもの。塔内に浪曲界に貢献された物故者の名が記録されている。

さいごの高い石段をのぼると聖天さまである。十一面観音、つまり大聖歓喜尊天（だいしょうかんぎそんてん）がご本尊である。二十年三月十日の空襲で焼失、二十四年十一月再建工事に着手。鉄筋コンクリート造り、十年余かかって三十六年十月完成した。

江戸最古の歌碑

本堂の向かって右がわにまわると、東のかた隅田川の流れを背景に戸田茂睡の歌碑がある。

　　あはれとは夕越えてゆく人も見よ待乳の山に残す言の葉

これは現在ある江戸の最も古い碑の一つとして有名である。この歌碑が建てられたのは元禄十年（一六九七）茂睡が六十九歳の年である。同年三月十二日の日付けで「車坂より待乳山まで車力三百五十文」という石屋の歌碑運搬の請求書が、後に山東京伝の弟京山の時代に発見された。桜花爛漫たるころ、待乳山にこの歌碑が建てられ、江戸文人のあいだに人気を呼んだものであろうといわれる。

戸田茂睡は寛永六年（一六二九―三代家光の時代）駿府の城内に生まれ、二十歳のとき江戸に出て戸田藤右衛門政次の養子となり、大和の本多氏に仕えて三百石をもらったが、寛文十一年（一六七二）四十四歳のとき浪人して浅草待乳山のほとりに隠棲した。

さいしょにこの歌碑は、待乳山の山ろくに建てられたものらしいといわれる。茂睡の『紫のひともと』に「山には古木の松生茂りて砂石山なり、仁王門の下には茶屋あり蓮池あり、弁財天の社あり、仁王門の前石碑あり」と書かれている。この一文をみても元禄のころの聖天さまのあたりの情景がしのばれる。

けれども江戸名所図会では、歌碑が現在の聖天堂の右手にあるように描いてあるから、碑を建ててから間もなくここへ移されたものであろう、とみられている。

戸田茂睡は歌論書『梨本集』（元禄十三年＝一七〇〇＝刊）で「歌は大和こと葉なれば、人のいふといふ程の詞を、歌によまずといふことなし」つまり人がつかっている言葉ならなんでもつかえると、用語の自由を主張し、万葉集に俗語の多いことに注目して、中世歌学の批判をおしすすめ、近世歌論の先駆をなした。この歌碑の歌にも、わが「言の葉」を見よと、待乳山を越えて行く人々にうったえているかのようである。

この歌碑もまた戦災にあい、茂睡の筆跡さえわからなくなるほど損傷を受けたが、昭和三十年四月、有志によって再建され、かたわらに佐佐木信綱さんの選文による記念碑が立てられた。

隅田公園

ある日、東武の駅のまえに、共立プロダクション主催、ツイスト大会、台東体育館という立て看板が出ていた。どんなものか一度は見ておきたいと思い、散歩がてら隅田公園を川上に向かって歩いて行った。

岸にそって若いしだれヤナギの並木がつづき、川風になびく若木のみどりが、いかにもかれんで美しい。

まっ白な、小さなモーター・ボートが、おおぎょうに舳を高々と立て、船尾だけで白波をけたてて水面すれすれに疾走する。モーターをつけた大きな荷船が、ひとかかえもある丸太の長いのをワイヤでゆっくりと引っ張っていく。

ポンポン蒸気がお客をのせないで、大きな筏に組んだ材木を——音だけはせわしなく——やっと引きずっていく。艫にちょこんとすわった整調、それとむかいあって六つの長いオールが左右いっせいに水をかいていく無言の競艇。彼らの白いシャツが、サクラ並木の茂った対岸の幾何学的なコンクリートの斜面をバックに、直線の美しさを描いていく。

身のまわりを忘れてしまうような水上の広い空間は、ポンポン蒸気が通ってもたちまち静寂にかえる。そのせいだろう。大都市のいっさいのよごれをとかしたような水にも青空の色ははっきりとうつっている。

観音さんのすぐ隣に、こんな静寂の世界と広い空間があるとは信じられないみたいである。

公園はまだ木が若く、上野の公園などには見かけない珊瑚（さんご）樹なども、まだ目立つほどの大きさではなく、槐（えんじゅ）の若木だけの、しゃれた広場もあったが、夏をむかえて木かげが少ないせいか、遊んでいる人も少ない。

人はだれでも川のほとりに立つと、はるばると上流に目をやる。体育館はちょうど隅田川がいくらか左のほうへ曲がっていく左岸に立っている。

東武の鉄橋と言問橋の下を通っていくと、日本堤の方から流れてきた川が、隅田川に流れこんでいる川口にぶつかる。広々として入り海のような感じである。

左手の高い山は待乳山、どこまで行っても平地のつづく下町の、ただ一つの山である。山のうえには、二つ並んだ権現作りの屋根の、急傾斜のそりを打った側面が、赤と金にかがやいて高々とそびえ立っている。

聖天さまの下の広い通りに出て、川口に近い今戸橋を渡る。右には芝生の小高い丘ができている。ツツジなどの灌木類を植え、入りくんだ道や坂をつくり、いかにも丘の小道を歩く楽しみを思わせる。そのすそのところに、高い飛びこみ台が立っていた。このときはちょうどプールのそうじがはじまっているところだった。この隣が、遠くからよく見える台東体育館であった。そのまた隣には、隅田川の水ぎわまでひろがっている貸し野球場がある。

吾妻橋からここまでが隅田公園である。

ツイスト大会の若者

体育館も隅田公園と同じように都営か、でなければ区営だろうと思ったら、財団法人であった。三階までの収容人員は約五千人。体育にかぎらず、たとえば東京履物卸連合大見本市といったものも催される。花川戸一帯の色どりあざやかなはきもの専門の町が目にうかんでくるようだ。去年はまた婦人博覧会があった。

体育館のまえには明るい照明のなかに「大東京　ツイストまつり」の大看板が立っていた。出演バンド、南里文雄とホットペッパーズ（ほか略）。とにかくこういう大がかりな催しははじめてらしい。正面の舞台のまえには「若い人の集い Chic シークラブ」と書いた紙がはってあった。同じ言葉でも、いきな、シックな、品のよい、といった、辞引きに書いてあるような意味でつかわれた「シック」とは、ずいぶん変わったものである。

人の集まりがおそく、はじまったのは七時近かっただろう。バンドが舞台に出て来て、照明がずっと薄暗くなった途端、音楽とともに、つまり音楽の爆発した瞬間、会場の三方に二列に並んだ腰かけからみんないっせいに飛び出した。こういうことについては何も知らぬので、説明する言葉がない。ただ見ているだけである。

参加者は五百人くらいか。学生よりも働いているものが圧倒的に多く、ほとんど男女半々に近いだろう。ちょうど高校生の世代が中心。戦後の新しい高校の制度は、この世代を中学や大学から引きはなして、ひとつの独自な世代としてかためるのに役立っているようにも思える。太った女流歌手が舞台に現われると、いっせいに舞台の下に押し寄せる。奇声が手拍子、足拍子をリードする。ふりわけおさげに、小さなリボンを、ちょんと二つつけた七、八歳の少女、赤と青の横じまのセーターを着た、この疲れを知らぬ少女はひときわ目立って見えた。ただ黙々と、実にりちぎに踊っている。だれか青年が必ず相手しているが決して自分のペースをくずさぬ。

大会も半ばを過ぎたころからか、ある瞬間、突如としてなん人かが舞台にかけのぼる。その数は続々ふえていく。あのりちぎな少女もまじっている。ホールの集団は、そのたびに舞台の下に結集する。トランペットにそそられる指笛、奇声、叫び……会場いっぱいに、水玉のようにまるい、淡い光のめまぐるしい回転、けれども三時間にわたる肉体のリズムを扇動しているのは、ちっとも変わらぬ、ささやきのようなマラカスかも知れない。

きょう歩いた隅田公園に、武島羽衣作詞、瀧廉太郎作曲の「春のうららの隅田川　のぼり下りの舟人が　櫂のしずくも花と散る」の記念碑が建っていることを思い出した。

三　山谷付近

山谷堀の舟宿

今戸橋のたもとから左へ折れて、山谷堀の高い岸にそって行く。じき先の、聖天橋の手まえに舟宿が一軒あった。

道から一段高くなった部屋に、おばさんが一人ぽつんとすわっている。六畳と三畳の二間。きれいに片づいて、いかにも掃き清められた感じである。片すみにクツの中底（紙の加工したもの）の束にしたのが一つおいてあった。内職に中底の張り合わせをやっているのだろう。

おばさんは西武線の練馬の生まれ。ことし五十五歳。明治四十年生まれであるが、年齢よりはふけて見えた。連れあいは去年十二月、胃ガンでなくなった。数え六十九歳。まったく、ついこのあいだのことである。

むすこさんは三十二歳、もちろんこういったことを、戸籍調べみたいにたずねてみたわけではない。

震災まえは、いろんな商売をやりました、といったおばさんの述懐は、なくなったばかりの連れあいへの、断ちがたい思いがあってのことのようにも思われた。夫婦の十五歳のちがいは大きいほうであろう。震災まえといえば四十年まえのこと、おばさんが十五くらいのときで、主人は本所の生まれであった。
もしも、いろんな商売をやったのが、夫婦になったころのことだとすれば、おばさんが、ようやく十五になったばかりのころということになる。これは勝手な推理であるが、散歩のコースが、こうしてたまたま一人のうら若い女性の、人生コースに生き生きとふれることにもなったのではないか。

入り口の腰かけている土間のすぐ下で、スピッツがトラネコの子ネコにさかんにほえついた。話が聞きとりにくくなる。それでもおばさんのしかりかたはおだやかで、話していると同じ調子なので、近所のイヌかと思ったら、両方ともおばさんが飼っているのであった。

二、三日後にまた同じ舟宿をたずねた。そこへ折りよく若主人がやってきた。すっかり日に焼けた、いかにもがんじょうな、三十二歳の働きざかりである。なくなった父がこの商売をはじめたのは、大正十四、五年、それ以来ずっとここに店を張っている。が若主人は松戸の先の馬橋に世帯をもち、そこから毎日ここへ通ってくる。

主人の話によれば、二十年まえくらいから釣りが主になったが、ほんとうは投網（とあみ）と、水神の先の八百松（向島）などへ出かける涼みである。主人にいわせれば、昔からみると情緒がなくなった、というのである。

釣りはお客自身がやるが網は船頭である。この舟には網打ちと楫子（かじこ）が乗る。しろうとは網をかんたんに腕にかけて打つ。これをふた手どりという。くろうとのは土佐打ち、打ちといって腕にかけない。これが江戸まえの打ちかたで、網をはなした瞬間の姿がなんともいえぬ。主人の父はこれがうまかった。

大男からきく童話

このごろは船が大きくなったのでこいではやりきれない。この舟宿では八十馬力をつかっているが、気筒が一つだと、トントン音がして銚子がころがるというので気筒を四つにしている。そうするとブウッという音になって銚子がころがらないというのである。大男が一心にこういう話をしてくれると童話みたいにおもしろい。

主人は江戸まえということを一心に強調する。江戸まえでは船は全部ヒノキづくり。飾りクギは全部アカで多いほどいい。クギはすべてかくしクギで、板を削ってクギを打ち、そのうえに赤がねを張ってしまう。アカをつかうほど船がぜいたくである。

ところでいまは屋形船にのって涼みにゆく人もほとんどなくなったそうである。柳橋の花柳界あたりから向島の八百松へあがる人もいまは少なくなった。

主人の話では東京湾の埋め立てのためにノリも漁業権も東京都から買いあげられることになっていたのが、この九月にはきまるらしい。（注・三七年八月現在）山谷堀も東京湾に直結しているわけである。隅田川の川ぞいに二トンくらいの舟をもっているのが六十世帯くらいある。主人の考えでは、これらの舟のために組合が花柳界の見番みたいなものを作ったら、お客のためにフルに活動できるのではないか。見番と聞いてびっくりしたが、この主人も必死なのであろう。

主人はこんなこともひとりごとのようにいった。昔は舟宿のおやじは遊びがはでだったが、堅くやっていけばやっていけると。母親はお茶の心くばりをしながら、一度も口をきかなかった。

舟宿を出てしばらく行き、吉野橋に立つと、ついこのあいだ立ち寄った太鼓と神輿の店が橋の向かいがわに見えた。背の高い主人はもう老人だが、少しも老人らしくない。その顔はすっきりと少年時代を思い出させるような面立ちであった。家の奥ぶかい静かさがそのまま長い年月をかけてこの人を育てたような、口数の少ない、声の低い人であった。それは下町のどこのだれでもよい。下町特有の人のように思われた。下町のどんな人いきれや騒音の目まぐるしさにも免疫になった、不死身のものやわらかさと、なめらかさを感じさせた。

吉野橋から山谷堀にそって吉原へ向かって歩いた。左がわには薄暗いクツの家内工業が多い。右がわは山谷堀を背にして構えの大きい建築資材専門の店がずっと続いている。ここ独特の世界である。聖天橋の次が吉野橋——都電がわたっている。ここから先は川岸にくっついて町家が並んでいる。左手はトロリーバスの通る、プラタナスの街路樹のある広い通りの曲がりかどで、光の海がパッと目を射る。また暗い通りへはいって、髪洗橋、地方（じかた）新橋の二つの、こぢんまりした橋がある。

山谷堀はここから暗渠になり、はるか根岸に通じている。地方橋のところから、左のトロリーバスの通りへ出ると、筋向かいに日本堤の消防署と火の見やぐらがある。この通りを右すれば、吉原の大門まえはすぐそこにある。

吉野橋かいわい

吉野橋をわたって、すぐ右のかどにある神輿、太鼓の店は、南部屋五郎右衛門といった。創業は元禄二年（五代綱吉将軍、一六八九）である。もとは亀岡町一丁目にあったが、昭和二年の区画整理のまえに現在のところへ移ってきた。この種の業者は、東京では三軒だけである。

主人は十二代目、六十二歳であるが、この土地で生まれた人は、いまは他にいないそうである。

主人の話では、太鼓の胴につかう木はケヤキであるが、このケヤキが十五種類もある。そして山で――平地でなく――育った木で百年以上のものを使う。胴をつくるのには、こもの（小物）は別として、轆轤や旋盤は、いっさい使わぬ。皮は、大きい太鼓のは雄ウシの皮をつかうことにしている。つまり大きいのは、皮がたいらだから。

いかにも老舗（しにせ）のあるじらしく、主人は問われるままに、さらさらとひとり言のように話してくれる。

工場は近くの今戸中学のところにあった。できあがり五万円。注文は全国からである。身延山の太鼓は自分のところで十年まえに納めたが、これがいちばん大きいということであった。太鼓の寿命は、だいたい十年くらいだそうである。その寿命というのが、具体的にはどういうことなのかは聞きもらしたが……。

子どものころ、いなかでお盆などに、昼間のあいてるとき若い衆にたたかせてもらった太鼓など、あれはいったいどんな出来だったんだろう。よく若い衆から、おまえらがやるとやぶくからだめだといって、なかなかたたかしてもらえなかった。つまり太鼓は破れさえしなければよかったのである。

夏の夜空のもとに、盆踊りの太鼓がどこからともなく遠くからきこえてくる。あの郷愁をそそるような音いろを生み出す本拠へきていたわけである。店は株式会社であるが、畳敷きで、幾つか店においてある太鼓を背にしてすわっている背の高い主人のほかは、人かげも見えなかった。

ここの吉野橋は、もとは山谷橋といって、明治四十二年（一九〇九）ころだったか、電車が通るようになるまでは丸木橋であった。この木の橋の時代が——山谷堀橋とは別の——山谷橋であった。もし聞きちがいでないとすれば、そのころは三河島へ行くのに、藁舟（わらぶね）といって板紙用のボール紙をつかった舟に乗ったとか。

建築資材と皮革の店

吉野橋から先の、山谷堀を背にして岸に沿って並んでいる建築資材専門の店は、もと隅田川の岸にあった。砂屋とか、樽（たる）屋、どろ屋、材木屋など、船をつかう業者は入間川から隅田川へ船がきていたので、隅田川沿いに集まっていたのを、昭和二年の区画整理のとき、現在のところへ移転させられたのである。

太鼓の店もこの区画整理のとき、すぐ下（しも）のどろ屋さんのところ（亀田町一丁目）からいまの吉野橋へ移ってきた。

吉野橋から上（かみ）の建築資材専門の町の由来がこれでわかった。ところがこの通りの反対がわは、ほとんど軒並みクツ屋さんである。

建築資材の店先は木の香も新しい長い挽（ひき）板の束などが、店先の軒のうえまで高々と立てかけてあったり、セメント袋が積んであったり、どこが入り口かわからぬみたいであるが、夕がたになって電灯がつくと、通りに近い、広い板の間で、青年たちが七、八人、テーブルをかこんで、まぶしいような明るい電灯の下で晩ごはんを食べているのを見かける。声は聞こえないが、いかにもにぎやかそうである。

ある日の宵など、食堂のテーブルをすっかり片づけて青年たちがツイストを踊っていた。暗い通りの、そこだけは電灯があかあかとついていて、二、三人が前へ出て踊ったかと思うと、立って話しあっている。するとまたねえさん株らしいのが、かがみこむようにして一人の男の子の足の運びを指して何かいっている。

このあいだの台東体育館のツイスト大会には、こういうところからも参加したことだろう。

ところがこれと向かいあった側は小さなクツ工場みたいな家が多い。夕がた通ると、まっ暗ななかにそこだけ薄明るい裸電球のさがった仕事場で、おやじさんらしい人が一人きりで仕事をしているのが見えた。使用人はもう帰ってしまったのだろうか。

夜十一時ごろ、国電の神田駅で中央線下りのプラットホームに立っていると、二人の少年がいつのまにか自分と並んで立っていた。油によごれた中学生の制服みたいなのを着ている。彼らはこれから高尾山へカミキリムシをとりにゆくのである。彼らによれば、カミキリムシはいままでに本に出ているものは三百八十種であるが、四百種くらいはいるはずだというのである。それは顔色の悪いのに似合わぬ、断固とした調子だった。彼らは捕虫網とアセチレンガスと、ただそれだけしか持っていなかった。もう話している時間がなかった。最後の高尾行きは満員で、も一度顔をみたいと思ったが、ついに彼らの姿を見失ってしまった。あすは日曜であった。

四　吉原かいわい

龍泉寺付近

去年の春、樋口一葉の記念館が一葉のもとの住まい（下谷龍泉寺町三六八）の近くにできてから、久しぶりに龍泉寺町へゆき、あの界隈を歩いてみた。

一葉の『たけくらべ』のはじめに「廻れば大門《おほもん》の見返り柳」と書かれているが「見返り柳」は日本堤から五十間道に降りていくところにあったのだから、これは事実にあってない。また、かりに大門に見返り柳があったとすれば廓（くるわ）の仲ノ町通りは大門からはじまっているのだから、帰りの客は仲ノ町通りの出口のところで、すぐ見返るということになる。これはゆるやかに「く」の字型に曲がった五十間道を通って土手の衣紋坂をのぼり、ひともとのヤナギのところへきて、思わず仲ノ町のかたをふりかえって見るという余情とはだいぶ違ったものであろう。

またこの場合の「廻れば」というのは、具体的にはどういうことだろう。

一葉の住んでいた茶屋町通りを、廓にむかってまっすぐ行くと、百メートルくらいで揚屋町の門に、はすかいに突きあたる。その門のまえに、当時はおはぐろどぶがあったわけである。いまは左の門柱のわきに径三十センチほどのヤナギの木があり、左右のセメントの門柱には、さびついた鉄製のアーチがかかっていて、そのまんなかに裸電灯が一つついていた。

　ところが門の右手には道にそって白い五階建てのビルがそびえ立っている。これは洋服をつくる滝野屋工業の龍泉寺工場であった。このような、かつての揚屋町の門から、向かって右すれば京町一丁目の門がある。揚屋町のと同じ形のものであるが、いまは跡かたもなく、門の右わきには小さなアパートがあり、左は吉原道具市場であった。もちろん古道具の市場であるが、人っ子ひとり見えなかった。この京町の門をはいって中央の仲ノ町通りに出る四つつじの左かどが、かつて吉原の全盛を誇った角海老で、いまは大日本麦酒の倉庫になっている。吉原京町巡査派出所が仲ノ町通りに面してこのかどにある。

　こんどは揚屋町の門から左へ行くと、江戸町の門がある。これは黄色いレンガの、六十センチ四方くらいの四角の門柱で、はめこまれた白い小さな化粧レンガの一つ一つに一字ずつ「江戸町一丁目」と書いてある。そこにはなんとなく投げやりでない、ほっとするような心くばりが感じられた。

　これらの京町、揚屋町、江戸町一丁目の入り口にそった道は、もとの、いわゆるおはぐろどぶを埋め立てたものである。江戸町一丁目の門のまえをまっすぐ歩いて行くと、道は日本堤の大通りへ出るのであるが、途中から、一メートルくらい高くなっている江戸町一丁目のかどにそって右へ曲がっていくと、松葉屋の横の、少し急になった坂をのぼって大門のまえに出る。

一葉が住んでいた町

つまりここで一葉は茶屋町通り――龍泉寺町三六八の自宅――から揚屋町の門のまえに出て、おはぐろどぶにそって江戸町一丁目のほうへ歩いていくとき、この江戸町一丁目のかどを曲がって松葉屋の横から大門まえに出ることができるし、また江戸町一丁目からまっすぐに進んで日本堤の通りに出て、それから右へ曲がって見返り柳のところへ出ることもできる。そして大門と見返り柳とのあいだは、先の見とおしのきかぬ、くの字型に曲がった五十間道でつながっている、というわけである。

この場合「廻れば」というのは、なにをもとにして「廻れば」であるのか。江戸町一丁目からの「廻れば」であるならば、大門ということになるが、日本堤の通りへ出て回ってゆけば、という「廻れば」ならば見返り柳ということになる。このどちらを回るにしても、大門と見返り柳とは五十間道があいだにあるので、決して「大門の見返り柳」というふうには結びつかぬのである。

茶屋町通りの一葉の店から、大門なり見返り柳までは、女の足でも十分かかれば行けるであろうが、一葉は果たして大門や見返り柳を実地に見ているのだろうか。そんな気さえする。

一葉は荒物や駄菓子の店をやっていたが、おもに品物の買い出しにあたっていたといわれる。明治二十六年（一八九三）七月から二十七年四月までの――五月、本郷区丸山福山町四に転居――一年足らずのあいだに「文学界」に「琴の音」（明治二六・一二）という作品を、一編だけではあるが発表している。また文学上の関係は、ほとんど本郷、小石川など西の方面にかぎられていたので、日本堤から浅草など、東・南の方面はほとんど縁がなかったとすれば、大門のほうへ足が向くということは、ほとんどなかったのではないか。

ただ茶屋町通りの自分の家から、大門の方角や道順が、見返り柳とともに頭のなかだけでわかっていたのではないか。これが散歩のうえでの感想である。

「お歯《は》ぐろ溝《どぶ》に燈火《ともしび》うつる三階の騒ぎも手に取る如く、明けくれなしの車の行来《ゆきき》にはかり知られぬ全盛をうらなひて、大音寺前と名は仏くさけれど」

と、ここに出てくる大音寺は、茶屋町通りを広い電車通りに出ると、ちょうど左手の筋向かいあたりにある。その左どなりには西徳寺という大きなお寺がある。ところが大音寺は歩道からずっと奥の方にささやかな本堂が見えるだけである。西徳寺とくらべてこんなにささやかなお寺が、どうして大音寺まえといった地名にまでなったのか。

一葉記念館の橋本さんは古い地図を出して見せてくれた。ひと口にいって、その大きさだけでも当時の大音寺はいまの西徳寺とはあべこべであった。

台東区役所刊行の名著『新吉原史考』は序説にいう。

「夜が、なりわいのやすらぎとして、生活に深く融け入った時代として」「夜の解放が庶民の生活にまで及んだ事例は、江戸時代以前には求めることが困難であろう」

夜とはそういうものであったか。

一葉記念公園

樋口一葉が住んでいた台東区龍泉寺町（明治二六・七・二〇—二七・五・一）に一葉記念館が建ち、きょう十一日（昭和三十七年九月）完成記念の式典がおこなわれる。

浅草雷門から上野の方へ二つめの、都電菊屋橋停留所から三輪行きに乗り、龍泉寺町で降りて右がわの横通りへはいると、吉原のおはぐろどぶに、はすかいにぶつかる。そこが、くるわの裏門にあたり、いわゆる刎橋（はねばし）のかかっていたところ。この通りの両がわが龍泉寺町で、一葉の住まいはいまの都電通りに少し寄った左がわにあった。

一葉記念館はその裏門に近い左がわの横をはいると、すぐ先の右がわで、白壁の目立つ和洋折衷ふうの二階建て。展示室、会議室、ホール、書庫などが備わり、『たけくらべ』の草稿をはじめとして原稿、書簡、遺品などがある。とくに研究室が注目される。

記念館の場所は一葉記念公園になっていたところで、『たけくらべ』記念碑として佐佐木信綱氏の歌碑（昭和二六・一二）が建っていた。

紫のふりし光にたぐへつべし君こゝに住みてそめし筆のあや

そのかみの美登利信如らもこの園に来あそぶらむか月白き夜を

数日まえ、筆者は台東区役所の係りの方の案内で、国際劇場まえの広い通りをまっすぐに行って、観音裏の大通りをわたり、千束町を通って、吉原へはいった。

吉原は図面でみると、真四角な地域が、南北にひし形になってひろがっている。正門である吉原大門は、くるわの東北側にあたる日本堤（吉原土手）に面し、そこから吉原病院の西南にむかって、広い仲ノ町通りが、くるわを西北と東南とに、真二つに分かっている。まず日本堤の通りから左がわのかどの見返り柳をみて、かつての五十間道を行くと、その端に昔は大門があった。これから仲ノ町通りをはさんでくるわになる。——

くるわの悲しさ

これからわたしたちは、くるわの西北がわにあたる、さきの龍泉寺町の通りに出た。この通りがくるわにはすかいにぶつかったところに、かつておはぐろどぶにかかっていた刎橋のあとがある。

おはぐろどぶはちょうど城郭をめぐる堀のようにくるわの障壁にそってとりまいているが、かつて既婚の女性がおはぐろで歯を染めたように、おいらんも江戸時代にはつかっていて、それがどぶに流れ出すというところから、この名がついたものであろうか。

刎橋は火事や地震など、非常のさいだけおろされて非常口になるとともに、すぐまたはねあがってしまい、なかの女たちが絶対に逃亡などできないようになっていたとすれば、彼女たちのおはぐろのどぶもまた、越すに越されぬ堀ということになろう。

終戦の翌年の春ごろ、経営者たちのあいだに、保守派と新派にわかれて、こんごのやりかたについてずいぶんはげしい論議がおこなわれたことがある。アパート形式の案なども出た。もちろん売春禁止法案など考えてもみなかったことであろう。

元和四年（一六一八）十一月、今日の中央区日本橋堀留町二丁目付近に――アシのおいしげる湿地帯であった――幕府から遊郭を開く土地をあたえられた。ところが市街のめざましい発展のため、さらに明暦三年（一六五七）六月、現在の新吉原へ移され、それ以来、ここに三百年の歴史を閉じたのである。

龍泉寺町と都電をへだてた向かいがわに大音寺があって、このあたり一帯を、大音寺まえといった。古くは門前町をなしていたのであろうか。一葉の家のまえの通りは、図面でみるとよくわかるように、根岸方面から坂本を通って吉原へ行く道筋にあたり、茶屋町通りといわれていた。一葉が書いているように「下谷よりよし原がよひの只一筋道」で、たいへん人通りのはげしい通りであった。

一葉は十カ月しかいなかったが、荒物、雑貨、子ども相手の駄菓子などの店をやっているあいだに、そこに集まってくる子どもたちを観察することができたのだろう。『たけくらべ』に登場する子どもたちは、正太、三五郎、長吉、とくに美登利が、はっきりと親のなりわいを二重うつしにして、実に躍動的にえがき出されている。

作品の終わりのところで美登利は、姉がおいらんで出ている大黒屋にはじめて泊まって寮へもどってくる。きのうまでとはまるで人が変わってしまった自身を、自分では理解できない。そういった衝撃の微妙なありようが、自身に対しても勝ち気なままに、実に的確にとらえられている。それはこういった世界にみられる水揚げといった言葉で行なわれる慣習を想像させずにはおかぬ。それは信如にひかれる気持との対照で、いっそう読者の心をうつのである。

『たけくらべ』は、たんに子どもの世界を描いただけのものではない。

「見返り柳」と「衣紋坂」

見返り柳のあったところには、いまもかなり大きなヤナギの木が立っている。

吉原の入り口に向かって右かどはくだもの屋、左かどはガソリン・スタンドになっているが、その左かどの、トロリーバスの大通りにそった歩道の端に、このヤナギの木は、ありし日の見返り柳の面影をつたえようとしている。その根もとに、一メートルほどの高さの石柱があった。歩道がわの面には「新吉原喫茶・カフェー協同組合清算委員会」、そして右がわに「大門此処より西一丁」バス通りにむかったがわに「新吉原衣紋坂見返り柳」

と、すべて朱の色でしるされていた。

この標柱から大門までの、西一丁（約百メートル）の道は、いまもこの道だけはありし日のまま「く」の字形をなし、寛文年中（一六六一―一六七三、四代将軍家綱）の絵図には「五拾間道」と書かれているが、嘉永年中（一八四八―一八五四、十二代将軍家慶）の絵には「衣紋坂」（えもんざか）だけが書いてある。

この大門までの五十間道が「く」の字形に三曲がりに作られたのは、傾城町が日本堤から、まっすぐに見通しになるのを避けたからだといわれるが、そういう徳川初期の配慮も、嘉永の絵では黙殺されている。

衣紋坂は日本堤をくだる坂で「是よし原へいたる万客、このほとりにて多くは衣紋などかいつくろふゆゑ、かくは名付たり」という。大門がいよいよ間近に見えて来たので、坂をおりながら衣紋をかいつくろうのは、まったく自然なことで、あるいは必死な気持ちかも知れない。ところが、

　帰りには要らぬ地名の衣紋坂

こんな川柳がある。これは案外、自分が不首尾に終わったのを、こんなふうにしゃれのめしたのか、あるいは「見返り柳」の断ちがたい思いを、自分にむかって茶化しているのかも知れない。

こういう徳川末期のしゃれっ気は、中期の元禄にはみられない。

『新吉原史考』（台東区役所刊）によれば、五十間道に並んでいた茶屋は、左右に十軒ずつ二十軒あり、遊客に編みがさを貸す編みがさ茶屋であった。つまり茶屋で編みがさを借りて、それで顔をかくして大門から中へはいる風習が遊客のあいだにあったのである。元禄以降は次第に一般の茶店や引き手茶屋にかわっていったが、この時期こそ町人が広く吉原へ進出したことからも明らかなように、編みがさは町人の進出をうながすなかだちとなったにちがいない。紀文や奈良茂らの豪商が吉原に登場したのもこの時代であった。

永井荷風の「歌麿の女」（明治四四・四）は、文化・文政（一八〇四—一八三〇）の遊女であるが、その人間像は、元禄（一六八八—一七〇四）の中期から一世紀余の長い年月をかけて徐々に成熟したものにしか見られぬ世界であった。

「何という疲れた心地よさ。何という夢現《ゆめうつつ》の物思い。女という肉体の感じ得らる、限りの快感に、悩んで、痺《しび》れて、将《まさ》に斃《たお》れようとしている歌麿の女よ。OUTAMARO《ウタマロ》の女よ」

「お前の身体《からだ》は柔《やわらか》な皮膚ばかり、滑かな肉ばかり、魂は溶けて骨はないのか。坐る時には身体を捻《ねじ》って首をまげ、柱か小窓か欄干か、必ず物によりかゝって、胸より太い片腿《かたもも》の肉《にく》付《づき》を、これ見よがしの立膝《たてひざ》に、乱れた裾《すそ》の間から、心憎くゝも平然として脛《はぎ》の白さを見せている」

「お前はいつでも後毛《おくれげ》一ツないまでに、髪ばかりは綺麗に正しく撫付《なでつけ》ていながら、解けそうになった帯《おび》を一度だって締め直そうとした事はない。襦袢《じゅばん》の襟は開けて着物が肩から滑《すべ》り落ちそうになっているではないか」

「長い長い頸から顔を浮かすようにして、お前は何を見ているのだ。芦の茂った隅田川の渡しの景色か。両国橋の賑いか。否々、細い小さなお前の眼は、覚めやらぬ夢の影のみ追うているのであろう」

広津柳浪（和郎の父）の『今戸心中』（明治二九・九）は花魁（おいらん）吉里と深いなじみを重ねた平田が、どうしても帰郷（かえ）らないわけにはいかなくなった。一方、吉里にはどんなにされてもいやな顔もしないで、もう一年も通いつめている富沢町の美濃屋善吉がいる。ひどい痘痕（いも）があり、左まぶたに眼張（めっぱ）のような疵（きず）がある。女房も生家へ返し、今月になってからは毎晩来ている。店はなくすし家は他人（ひと）のものとなってしまった。

吉里は善吉の真情（まごころ）が恐ろしいほど身にしむそばから、平田が恋しくてならぬ。吉里は平田の置いていった十円の金もつかいつくし、着物まで質に入れて善吉を流連（いつづけ）させることになった。

その後は善吉も登楼（あが）ることができなくなり、時々毫𥿻頭巾（もうろくずきん）をかぶって忍んで店まであいに来るようになった。

年の暮れの煤払（すすはらい）が午前三時からあった日、吉里は平田から来た手紙を、平田の友だちにたのんで、平田へ届けてくれるように、その友だちのなじみである小万にたのんだ。

その日も暮れて見世を張る時刻になった。小万がもう裲襠（うちかけ）を着、鏡台へむかって身づくろいしているところへ、お新造のお梅があわただしくかけてきた。吉里がいなくなった。

「御内所じゃ大騒ぎですよ。裏の撥橋（はねばし）が下りて裏口が開てあッたんですって」

預かった手紙の紙包みをあけてみると、平田と吉里の写真を表と表を合わせ、裏には心という字を大きく書いてあった。

次の日の午時頃（ひるごろ）浅草警察署の手で、今戸の橋場寄りのある露路のなかに、吉里が着ていた女中の半天が脱ぎ捨ててあり、同じ露路の隅田川の岸には、娼妓（じょろう）の用いる上ぞうりと男物の麻裏ぞうりとが脱ぎ捨ててあった。

ご新造のお熊は泣く泣く三輪の無縁寺に葬り、小万はお梅をつかっては、七日七日の香華を手向けさせた。

吉原の変遷

歌人吉井勇はうたった。

紅灯のちまたに往きてかへらざる人をまことのわれと思ふや
現身《うつそみ》のものの哀れをしへたるかの紅灯も消えにけらずや
新内の流しの三味《しゃみ》の冴ゆるときいよいよ白し吉原の霜

昭和三十二年四月一日売春防止法（十六条より成る）が施行され、翌三十三年改正、吉原はここにその長い歴史を閉じた。そこで戦後さいしょの旅館組合の組合長をしていた、い志い旅館の主人の自宅をたずねた。

震災では古川銀行から三百二十万円借り出して三百軒の組合員に貸した、と、そんな話から主人ははじめた。一般社会の風潮から六年の年季奉公が四年になり、それからさらに時間制度になっていった。その時間の値段が中店と小店とではまたちがってくる。仲ノ町通りにはお茶屋が六十なん軒かあった。

主人は明治十八年（一八八五）七月生まれ、安房鴨川の人、明治三十七年からここへ遊びにきた、と少しも表情を変えずに静かに低い声で話す。主人のかたわらにはかっぷくのいい若主人がすわっている。青少年委員で実に熱心に活動していると、区役所での話であった。

吉原旅館組合は現在、組合員六十四人で、旅館になってからよしたものもある。昨年の春、樋口一葉の記念館が建つとき、そこへ行くのに近道をして仲ノ町通りの交番のところへ出ると、角海老はもう跡かたもなくなって、大日本ビールの倉庫を建てる基礎工事中であった。

主人は吉原の五慶の話をした。一月が正月の松、四月の花見、これは夜ザクラである。五月のアヤメ、七月は仲ノ町のぼんぼり、九月のキクである。いま大門のほうから仲ノ町の通りを行くと突き当たりが東京メリヤスの建て物になっているが、これはもと吉原の会所で、その右かどが吉原病院であった。この病院のところに植宗という植木屋がいて、門松など五慶の飾りつけをやっていた。会所は下が広間で舞台があった。

惨事のあった弁天池

東莫の建て物にそって左がわから右へ曲がっていくと、左がわに弁天池があった。その隣に弁天さまがあるが、この池が関東大震災のとき、たくさんの遊女たちの惨事を起こしたところである。いま埋め立てられて電電公社の用地になっている。

あの『今戸心中』（広津柳浪）の、おいらんの吉里が見えなくなったとき「裏の撥橋が下りてて、裏口が開けてあった」と、吉里の逃亡を知らせるところがあるが、震災当時も大門以外は開いていなかったのである。

吉原土手ともいわれる日本堤は、昔とは幾らか広くなっている。つまり以前からどうしてそんなに広かったのか。

主人はこんなふうに語った。見返り柳から大門までの五十間道へ石を敷いたところ、たちまち火事が起こったというのである。火は雷門の郵便局の横から田町、吉原へとはいって、吉原全部が焼けた。明治四十三年四月九日のことである。

これは美角（みかど）楼から出火したもの。このときから吉原土堤（日本堤）は広くなり、さらに震災で現在のように広くなった。また五十間通りもいくらか広くなっているという。

おはぐろどぶが埋まりはじめたのは、震災後の区画整理からで、その後なん年もたたぬうちに埋まってしまった。大門をはいってすぐ右手の、松葉屋の横のどぶが震災後いちばん早く埋められてしまった。ここはわずかに下り坂になっている。

おはぐろどぶは広いところは二メートル、狭くて一メートル半くらいはあったといわれている。

主人は思い出をたどっているうちに、ふっと頭にうかんできたらしく、米騒動の話になった。米騒動は大正七年（一九一八）業者の米の買い占めによる米価の高騰に対して、富山県滑川町の漁民の妻たちが米屋に押しかけたのがきっかけとなったもので、暴動が全国に波及したことはだれでも知っている。

ところが主人の話によれば、米騒動の焼き打ちはこの辺にもあった。大門口に戒厳令が出た。中から出ていくのには、腕に印をつけ、棒切れをもって出たという。

こんな話もあったのである。ところでさいきん『浅草』（高見順編）の「よしわら」（村田宏雄）に「紅灯の一大歓楽街」について書かれているのをみて、びっくりした。

「都心の盛場を思わせるような、大キャバレー、カフェー、バーの連続した景観は、知らない人には、なぜ六区の盛場を遠く離れた浅草の片隅に、こんな歓楽街があるのかと途惑わせるほどである」

「だがこのカフェー街こそ、徳川以来公娼の伝統を誇っていた吉原の戦後の姿なのである」

「江戸町一丁目・二丁目、揚屋町、角町、京町一丁目・二丁目の六町内、二百余の特殊飲食店の看板をかかげるカフェーと、そこで働く約千二百人の特飲店女給を主たる構成員とするコムミュニティー」

これが現在の吉原である、と書いているのである。

終戦の翌二十一年の春から二、三年は、たびたび吉原のなかを通ったことがある。もちろん昼間のことであるが、こんごの方針について業者のあいだに意見の一致がなかなか見いだせなくていわば途方に暮れているかに見えていたのである。だからその後わずか四、五年ほどのあいだに、このような景況を呈するにいたったのであろうが、その後また数年を経た今日は、とてもそんな景況はみられない。

このような激しい変動こそが今日の吉原を語るものであろうか。

夜のお江戸

上野の鈴本演芸場から吉原へむかうはとバスのなかで、案内嬢のこんな科白（せりふ）を思い出した。

「おお、おまえ江戸っ子だってね」

「神田の生まれよ」

それはバスが大手門から、神田河岸、駿河台下へと出ていくときであった。案内嬢の説明によれば、大手門は江戸城の正門で、正門前一帯には旗本屋敷があった。町人の町・神田は、この旗本屋敷と隣あっていたので、町人のあいだに武士階級に対する抵抗意識が自然に強かった。

そこで同じ江戸っ子でも、とくに「神田の生まれよ」ということになった。案内嬢はこんなふうに説明した。

バスは今、上野駅まえから右へ曲がって稲荷町を走っている。このとき案内嬢は、ちょっと目を遠くへやるようにして、根岸の笹乃雪はきぬごしの元祖であるといってから、稲荷町の説明をはじめた。この町は一時は寺町であった。だから仏具屋が多い。が、それは右手だけにある。というのは右手は西日がささないからであった。

そこで案内嬢はつけ加えた。すべて物ごとには原因と結果がございます。――このとき、うしろの方の若い人たちの座席から声がかかった。

――それでは、はとバスができたのは――

案内嬢は若い人たちの笑い声を顔へうつしたようににこにこしていた。バスは田原町から左へ曲がって――雷門まえに出ないで国際劇場の広い通りに出る。左がわの、造花の紅葉の色どりあざやかに化粧がえした国際劇場は、きょうから「秋のおどり」であった。

バスは千束一丁目あたりから右へはいると、どこから吉原のなかになったのかわからぬまに、両がわに柳並木のある仲ノ町通りを走っていた。この通りが引き手茶屋のあった中央の通りで、今はほとんど商店街になっている。バスはかつて大門（おおもん）のあったところで止まった。左手が松葉屋である。

ここで松葉屋をバックにして記念写真をとることになった。写真屋は道の向かいがわからとろうとするのであるが、自動車がひっきりなしに通るので、なかなかとれない。仲ノ町通りは今は日本堤のがわと千束方面との、いちばん便利な近道、というよりも天下の公道になってしまった。たまたま観光バスに乗りあわせて、まったく見ず知らずの人たちといっしょに、かつての大門で、疾走する自動車のあいまの瞬間をねらって記念写真をとる。これこそ他生（たしょう）の縁というものであろう。

会場は朱塗りの、擬宝珠形の柱と欄干にかこまれた枡形の座席、これと向かいあった舞台の金色の明るさと、影のよくうつる、みがきあげたような床というふうに、いかにもゆきとどいた伝統芸能の世界である。

吉原の〝伝統〟をしのぶ

だしものは里神楽（さとかぐら）や木遣歌（きやりうた）のようなものと、花柳界独自の「幇間」（ほうかん）や「花魁」（おいらん）といったもので、「花魁」では相方（あいかた）はお客のなかから出ることになっている。

「花魁」は案内書によれば、二百万円という豪華ないでたちの花魁が、三味線と笛の音にしずしずとあらわれて、踊ったあと、その夜の相方がきめられる。この相方は観光客のなかから出てもらうことになっている。有志、つまり志あるものが出ると、相方と花魁が、かための杯をかわす。それから花魁が六十センチもある銀ぎせるに火をつけ、吸い口をそっとそで口でふいて相手にわたす。受けとった相方は三度吸って、花魁に返す。花魁はまたこれを吸って、おわると客は花魁と手をとりあって次の間へ、ということになる。

ここでは案内書にしたがってお客を相方と書いたが、一般に相方は敵娼（あいかた）と書き、遊客の相方になった遊女のことをさすのが普通であろう。

「台東区の名所と文化財」には粧（よそおい）太夫と二代目高尾太夫のことが書かれている。

粧太夫は文化年間（一八〇四―一八一八）新吉原松葉屋の遊女で、錦絵（にしきえ）にもかかれ、儒者の亀田鵬斎（ぼうさい、一七五二―一八二六）に愛され、蕋雲（しゅううん）女史の号までもらった。書道の師に書を学び、和歌をよくした。そのころ浅草境内にあった柿本人麿社に、人麿の

ほのぼのと明石の浦の朝霧に
　島がくれゆく船をしぞおもふ

の歌を万葉仮名で書いて献碑した。碑は現在、浅草神社の境内に移されている。

高尾太夫の名を名のった遊女は十一人あったそうであるが、万治高尾、仙台高尾と世にうたわれたのは二代目高尾太夫である。伊達政宗の孫、綱宗侯は後に伊達騒動の悲劇の主人公となるが、高尾太夫となれそめてからは、吉原に流連して国政をかえりみなかった。そこに叔父の伊達兵部宗勝の、国政をその手に奪おうとする陰謀があったとつたえられている。

高尾太夫の「忘れねばこそ、おもひ出さず侯」とか「君は今駒形あたりほととぎす」の句は今も多くの人に知られている。この二代目高尾の意匠をこらした、みごとな墓は山谷町の春慶院に残っている。仙台侯の内命により建てられたとの説もある。

久保田万太郎さんと、なくなられた伊藤道郎さんの合作「花魁」をみて、吉原の長い歴史をしのんだ。明暦三年（一六五七）日本橋の吉原（はじめは葭原と書いた）から日本堤の新吉原へ越して来て、はじめて夜間営業が許可になり――それまでは現代とは反対に昼間の営業しか許されなかった――やがて元禄（一六八八―一七〇四）の、紀文、奈良茂ら町人の豪遊時代の到来となったわけである。

さいごに、観光バスを降りて駒形のドジョウ屋の二階にすわったとき、わたしの向かいでは、もう二人の青年が杯をくみかわしていた。彼らの一人が地方へ転勤するので、その送別の観光であった。

五　日本堤

残る下町の伝統

「通い馴れたる土手八丁」というのは、三田村鳶魚さんによれば、鞘当（さやあて）の科白（せりふ）らしい。これは今の日本堤の通りで、待乳山の下から三ノ輪までつづいていたが、そのうち吉原への入り口までを土手八丁といった。

日本堤の名の由来について三田村さんは、こう書いている。

「元和六年（注・一六二〇年、二代将軍秀忠）八月九月の両月の間に、幕府が在江戸の諸大名に命じて、この堤防を修築させたから、日本総がかりで拵えたという意味で日本堤と名付けられたというのですが、この説はどうでしょうか。それほどの工事とも思われません」

また一説には、日本堤はもと二本堤とも書いた。それは聖天町から山谷堀の方へ、もう一筋の堤があったから、そう呼んだのだという。ところが、あいにくその堤がなくなってしまい、証拠がなくなってしまった、とも言っている。

それはともかく、まだ日本橋から遊廓が吉原へ越してくる三十七年もまえのことで、幕府創草のとき（慶長八年、一六〇三年）からわずかに十七年。家康は秀忠を二代将軍に立て、江戸城の修築を開始（一六〇六年）、翌年には駿府城の修築にとりかかった。こういった時期を受けて首都づくりは着々とすすめられたことであろう。

一六一五年（慶長二十年）ついに大阪夏の陣により豊臣氏は滅びた。その翌年家康がなくなった。幕府がわざわざ（?）在府の諸大名に命じて首都造りの一事業にすぎないこの土木工事にあたらせたのも、家康なきのちの、諸大名に対する幕府の政策的な意味が考えられるのではないか。してみれば、日本総がかりでこしらえた、などというのは不自然であるとしても、この土手が諸大名の力によって府内にできたものとして「日本」堤という名称に全国的な意義をあたえ、日本歴史に初めての、首都としての意識をよびおこそうとしたのも当然であろう。

明治以前には、たかが堤防くらいに日本という名をつけるのは珍しいことであったにちがいない。そこに家康による全国統一の事業といったものが生き生きと感じられる。その日本堤がやがて吉原と結びついて「通い馴れたる土手八丁」となったわけである。

もちろんこれは荒川の氾濫から府内をまもろうとする緊急の備えであったにちがいない。今でも日本堤通りの外がわ、つまり田中町あたりは、ちょっと大雨がつづいても床下浸水になるところがあるという。昭和二十四年であったか、カザリン台風のときはこの辺は床上まで浸水したのである。――

並木街の土手八丁

土手は高さ五、六間、幅三、四間（一間は約一・八メートル）。両がわには古い桜並木があった。

吉原へのウマやカゴは、今の雷門の地下鉄のところから観音さんの二天門の外がわを通り、馬道へ入っていく。道は今の山谷堀橋に、はすかいに突きあたったところで左へ曲がっていく。

ここから土手八丁にかかる。土手の両がわには茶店が点々とあった。山谷堀がわの店の下は、つまり地下にあたるところは物置きなどになっていた。

いよいよ大門へつづく五十間道のうえまでくると、遊客は衣紋（えもん）をなおしながら衣紋坂をおりていくわけである。

明治七、八年からこの土手の衣紋坂へおりるあたりに、けとばし屋が十軒くらい並んでいた。間口が六、七間もある広い店であった。明治維新後、はじめて公然と肉食ができるようになってから、このことがさいしょに書かれたのは、仮名垣魯文の「牛店雑談安愚楽鍋」（あぐらなべ、明治四—五）であろう。これは上野の山下あたりにある店であったと思う。職人を主人公にした一種の滑稽・風俗小説であった。

だから明治七、八年ごろに大きなけとばし屋が土手に十軒もあったとは驚いた。今けとばし屋で知られているのは、見返り柳のある吉原の入り口から三ノ輪へ向かって少し先の、右がわにあるあつみ屋と中江の二軒くらいだろうか。「土手」とか、赤い線でサクラの花びらの絵を看板に書いたのが出ている。決して馬肉という言葉はつかわぬ。入り口には夏など麻の涼しそうなのれんがさがったりして、みがきあげたようにひときわこざっぱりとした小料理屋風である。次の話はこういう店先の、ま夏の昼すぎのひとときの物語である。

——自分は大正十一年に二十四歳のときこの土地の店をはなれた。今のここのおかみさんのおとっつあんが、ここの裏で魚屋をしていた。自分は今六十四歳、当時はここを地方（じかた）今戸町といった。その魚屋に十六のときから八年もいたが、二十四の五月によした。それから転々として、五年まえに三十年ぶりに今度はこの店にきた。

――ウマのことは芝浦と三河島に食肉のウマを扱っている人に根本的にすっかり聞かぬとわからぬ。食肉にいいかどうか見わけるのがむずかしい。自分がこの店のことを知ってから五十年になる。――冬のうちがいちばん忙しい。一日最高五百人以上だという。

ま夏の昼すぎに、店先の下働きの老人が、通りがかりのものに語った、ひとときの物語である。店はあけたが、まだ客はこない。家のなかは人かげも見えない。話を聞いているうちに、自分もまた、どこかにたったひとりで、ぼんやりしているようであった。

ある夜すぐ先の渥美屋へはいって、しもふりのすき焼きをたべた。牛肉やブタとちがい、こんなにおとなしい味だとは思わなかった。昭和のはじめころ食べたものとは、まるでちがう。これでは、ひれの刺し身はおいしいだろう。ウマの肉は検印が桜の花なので、それでさくら肉というとか。若い夫婦づれ、家族づれ、どこかの職場の宴会など、周囲にすっかりとけこみながら、それだけにまた、いっそう自分たちの親密感が内がわへ濃くなっていくような店の空気、これこそ長い伝統にはぐくまれた下町特有の世界にちがいない。

日本堤がくずされ、その土が東京湾の埋め立てにつかわれ、今のように、トロリーバスの通る広い並木街へと変わりはじめたのは、震災後の大正十四年ころである。もはや過去の面影さえ見いだされない。

第五の歩道　江戸ざかいは今は昔の街道

一　南千住から

隅田川貨物駅

隅田川は荒川の下流にちがいないが、いったいどの辺から隅田川というのか、それがはっきりしなかった。千住は奥州街道の宿場としてはやくからひらけたから、千住大橋から下流に荒川とは別の名がついたのかも知れない、と漠然と考えていた。

ところが荒川区史によれば、隅田川の名は荒川の大屈曲部より下流の称で、隅田の地名は大屈曲部の近くについたものであろうといわれる。屈曲部は南千住十丁目と、対岸の関屋町（足立区）と曙町（前同）にあたるところで、曙町の東端はさらに荒川放水路に面し、そこに堀切橋がかかっている。

地図でみると、この大屈曲部は六十度くらいに鋭く曲がりこみ、その先端は川のなかに突き出た半島のような形をして、何かロマンチックな気持ちをそそるものがある。王子・亀戸間のトロリーバスの通う泪橋・白鬚橋間の東西の通りと、泪橋に近い南千住駅から荒川の鉄橋までの常磐線（高架線）との二辺、それに北の荒川と東の隅田川とでほぼ平行四辺形の形をなしている。

この平行四辺形の左辺・上部の一角、つまり国電や地下鉄のガードに近い大きな踏み切りを通じて、常磐線と、東北線及び京浜東北線（日暮里経由）を隅田川駅構内に導入し、そこから、つまり平行四辺形の一角から六本の線路が手のひらをひろげたように構内にひろがり、さらにそれら六本の線路はその先端において十一本ほどの線路に枝わかれしている。

他方、荒川の大屈曲部に突き出ている平行四辺形の一角は、荒川と隅田川の両方に通じる運河によって親指の先のようにくびれ、その運河は、手のひらを開いた指のようにひろがっている線路に対して、両手の指と指を組みあわせたような形に枝わかれして、埠頭を形づくっている。これが、広大な隅田川貨物駅である。初荷のトラックがにぎやかに往来している。

河川の内港として、近代の工業と運輸との、こんなにみごとな構図をもったものがほかにあるだろうか。地上を歩くものの悲しさ、ただ歩いていただけではその先に何があるかもわからぬのである。日本石油の白銀にかがやくタンクと、広い構内の空に見えるクレーンとが、わずかにこのみごとな構図の広さを語っている。

山谷の通りを泪橋から南千住駅に向かって歩いていくと、右がわの左かどに、地方（じかた）橋場巡査派出所とカクタス南千住給油所（ガソリン・スタンド）の大きいのがある。ここを右へはいる。左に「隅田川駅」の看板のかかっている正門がある。正門わきに立て看板が立っていて、荷役の注意がこう書いてある。

「当駅でつぎに掲げる業者以外は鉄道荷物を荷主の依頼に応じて運搬することはできません。

もしこれを犯して運搬なしたものは法律によって罰せられます」

終わりに当駅通運事業者として日本通運その他三社の名があげられている。正門から先の右がわに通運事務所が並んでいる。なかに北海道の幌内炭鉱事務所の看板が目についた。終戦後まもなく北海道へ旅行したとき、そこにも一晩泊まったことを思い出し、瞬間、この看板を見つけたいまの自分を不思議に感じた。

左手構内に緑色の大きなクレーンが見えてくる。右がわの、とある横町の突きあたりに、まっ黒なガス・タンクの胴が見えた。いつも遠くから市街のかなたの空に黒々と見えていたあの巨大なガス・タンクの胴が、横町の民家にはさまれた狭い空間いっぱいに、その一部をちらっと見せて大地のうえにじかに立っているところが、いかにも日常生活の親しみを感じさせた。

砂尾道踏み切りに出る。まっすぐの道は突きあたるように見えたが、突きあたらないで、そこから左へわかれる道があった。この道から商店街になり、貨物駅構内は見えなくなった。狭い通りいっぱいに、汐入発、上野広小路ゆきの大型バスがやってきて、目のまえの南千住三丁目停留所でとまった。こんな引っこんだところが上野広小路の雑踏に直接つながっているとは、想像さえできなかった。

行く手の道が少し高くなって見えるところに出てきたとき、向こうからやってきた二人の高校生に会い、道をたずねた。

川べりの壮観

小高くなっているところは汐入の水門の橋であった。高いコンクリートの門のようなものが橋のうえにかかっていて、門の上辺は箱型の廊下のような部屋に見えた。そこには機関室や事務室、あるいは宿直室などがあるらしく、三つの窓の一つの、ちょっと開いているところから、制服らしい人の姿がちらっと動くのが見えた。一つの窓の下には、町の交差点にあるのと、そっくり同じ赤と青の信号灯があった。ちょうど赤が出ていた。

水門の橋のうえに立って見る。この水門は川から二十メートルほどはいったところにあって、すぐ目のまえに荒川の広い水面がゆったりと波打ちながら流れていた。

橋をわたってまっすぐな広い通りに出る。左が日本石油、右が鐘紡。まっ黒な煙突に大日本紡績東京工場と白字で書いたこの煙突は、たしか大正以前から見えたものではなかったか。左は日本石油の隅田川油槽所。守衛所で話を聞く。構内に銀色の石油タンクが二十一もあるとは思わなかった。この石油は船やタンクで横浜からくるとか。この辺が昔の汐入村である。

日石と鐘紡の向かいあった広い通りを行く。左の日石の先に鐘紡の寮が、右に日紡の社宅がある。社宅は門からまっすぐに広い道が通り、両がわにイチョウ並木、各戸の窓先には、台のうえにまっ赤な防火用のバケツ、これが壮観であった。

広い通りをぶつかったところが胡録神社。どういうわけか境内といったものがなく、火事のあとのような広っぱになっている。

ようやく荒川の岸に出る。横浜から来た石油の船が四隻とまっていた。少年が船べりのポンプからざあっと水を出して、釜で米をとぐところをいつまでも見ていた。船のうえに赤い夕日があたっていた。

吉原より荒川へ

九月へはいってからであったか、吉原の大門まえ停留所でバスを待ってぶらぶらしていると、けとばし屋のすぐ手まえの、名刺屋さんの店先に、あんどん作りのアサガオのハチが二八チ出してあった。ひと目で入谷の朝顔の市のものだとわかった。あんどん作りは、骨組みに産地の江戸川あたりの葦をつかうのである。

そこへ主人らしい人がにこにこして出てきた。

「これ朝顔市でしょう」

「え、もうすっかり終わりで……」

「わたしんとこのはおくれて咲いたのか、まだぽつぽつ……」

同好の士の立ち話といった感じがしてくる。この店のはもうすっかり終わって、黄ばみはじめたのが目立つ葉のかげに、まるい大きな実がたくさんついていた。

——見返り柳はまだ青々と茂って風になびいているが、あれからもうふた月近くになる。見返り柳の向かいがわの田中町へはいると、じき右がわに「警視庁第六方面本部」とか「警視庁自動車警邏浅草分駐所」という、二つの看板が左右に出ている建て物があった。かっ色のペンキのとびらはぴたっと締まってあき家みたいであったが、向かって右手の横の通りへはいっておどろいた。まっ白な鉄かぶとやパトカー、オートバイなどで道はいっぱいであった。すわ何ごとか、と思いたいところであったが、やはりこうして鉄かぶとの一隊はいつも待機しているのだろうか。

左手は待乳山小学校の校庭になっていて校舎はちょうど警視庁の建て物と背なかあわせに建っている。放課後の運動場には子どもたちが遊んでいたが、このものものしい待機部隊は何とも奇妙な対照であった。

もときた道へもどってくると、この横の通りに面して小さな出入り口があった。こんな看板がかかっている。

「警視庁日本堤保護所」

縁がないのですっかり忘れていたが、これが酔っぱらいを保護するところであった。広い東京に鳥居坂と日本堤と二カ所しかない、貴重な存在である。

道は大門まえからこの警察予備隊のまえを通ってまっすぐに山谷町の電車通りに出る。左へ行くと荒川区と台東区の境になっている泪（なみだ）橋があった。今は橋はないが、昭和のはじめころまでは、幅約二メートルのどぶ川があって橋がかかっていた。小塚原の刑場で「お仕置き」になる罪人を見送ってきたものも、この橋から先へは行くことができぬので、それで泪橋といわれるようになった。

この通りをまっすぐに行くと、隅田川貨物駅の大きな踏み切りがある。ここは童画などで見たことのあるような、か細い陸橋が左手にかかっている。これと同じ陸橋は、昭和のはじめころまで鶯谷の駅にもあった。上野の博物館裏から、石のごろごろした急な坂を線路のきわまで降りてくると、左手に小さな鶯谷の駅があって、右手の空に千住とまったく同じような橋があった。

貨車や列車の入れかえなどで、いったんしゃ断機がおりると、なかなかあがらぬ。赤や青の旗を振って、長い長い、それでいてからっぽの列車や、まっ黒けの貨車をたった一つか二つしきりに動かしているところ、それでいてのろのろとしか動かぬところなど……わざわざ高い橋のうえにのぼり、それらがみんなどこかへ行ってしまうまで見ていたものである。

隅田川貨物駅の踏み切りにかかっている陸橋にのぼってみると、この貨物駅はまるで地べたに線路がさびついてしまったような原っぱだ。その向こうに銀色にかがやく無数のタンク。そうかと思うと右手には大きな、まっ黒けのガス・タンクが二つ、まるでそれ自身の重さで大地に深く沈んでしまったように見える。まったく平凡な感覚には手に負えぬ風景である。

この貨物駅の踏み切りをわたると、地下鉄のガードがある。その次にまた常磐線のガードを通ると、すぐ右手の、常磐線の土手の奥の方に南千住の駅がある。左かどに交番のあるところから、この駅までの道は、歩道にヤナギ並木があって、右手の高い土手の斜面には、ハゲイトウ、カンナ、キク、ツツジなどがいっぱい植わっている。

小塚原回向院

常磐線のガードを出て左がわが小塚原回向院である。石門の右に、明治維新殉難志士墓所、左に、史蹟小塚原回向院、と書かれている。またこの門の右まえに立っている標柱には

史蹟小塚原志士墓所
大正十四年六月府知事仮指定
大正十五年十月建設
東京府

と書かれている。さらに道に沿って次のような立て札が立っている。

史蹟　小塚原刑場跡
大井鈴ケ森と共に江戸時代の二大刑場で、もと間口六十間、奥行三十間あって明治二十年までにおよそ十万人が処刑せられた。
寛保元年（一七四一）に石地蔵が建てられ、明治二七年には千僧供養が行なわれた。また明和八年には杉田玄白等が刑死人の内臓解剖をやって西洋医書の飜訳を完成した。
昭和三一年三月三一日
荒川教育委員会

史蹟　小塚原回向院と烈士の墳墓
徳川幕府の始め重罪者の刑場に宛てた所で昔は浅草はりつけ場と称せられし所なり　礫

地場として開創されてから二百二十余年の間埋葬されし屍骸は無慮二十余万と称せられるが大部分は重罪者の屍骸なり
文政五年八月南部家の臣相馬大作、関良助の屍を埋めてより、国事犯の死刑者の死骸をここに埋める事になり、安政大獄以降憂国の志士の屍は大抵此処に埋葬されたのである。寛文七年死刑者の菩提を弔うため一寺を草創した。これが小塚原回向院である。

いかにも自身が歴史の現場に立っている感じがする。

回向院の付近

山谷の泪橋から南千住の地下鉄や国電のガードを越え、小塚原の刑場跡の、回向院のまえに出て、広い通り——南千住五丁目——をまっすぐに行くと、三輪から千住大橋の方へ通じている都電の通りに出る。その突きあたりが素盞雄（すさのお）神社であるが、泪橋からこのお宮までのあいだを、骨（こつ）通りといったとつたえられている。

泪橋といい、この骨通りといい、その名まえのつけかたに、この界わいに住む江戸市民の日常生活のセンスといったものが、今でもじかに感じられるような気がする。

むかしはこの泪橋から、左手のうしろには吉原の日本堤が、右寄りの前方には千住大橋がひと目に見えたといわれる。

泪橋から貨物の隅田川駅の踏み切りのところへくると、右がわの線路のすぐわきに大坪屋という大衆酒場がある。もう四十年からここに住んでいる古いなじみの酒場であるが、この酒場の向かって左横の——貨物の線路が通っている——このあたりが、お仕置きになったものの首をさらしたところである。

ところが身うちのものが——もちろん罪の軽重というか、その性質によるだろうが——そこにさらしてある首をぬすみにくる。そこで非人がしらの車善七の配下のものたちが、その見張りをしていたといわれる。

地下鉄のガードをくぐると、次の常磐線のガードとのあいだの、左手にちょっとはいった小高いところに、みかげ石の大きなお地蔵さんの座像がある。これが荒川区教育委員会の立て札に書かれている石地蔵で、延命地蔵とか、首切地蔵といわれ、寛保元年（一七四一年、吉宗八代将軍）に建てられた。

ところが国電の高い土手のために回向院とはまったく切りはなされ、さらに地下鉄の土手にへだてられてしまい、ここが回向院の境内であったことさえ見のがされがちのように思われる。

“観臓記念碑”

回向院にはいるとすぐ右に、隣家との境の石のへイを背にして、青銅の「観臓記念碑」

が立っている。その横に「蘭学を生んだ解体の記念に」という文章をきざんだ黒い石板の碑が石のへいにはめこまれている。

「一七七一年、明和八年三月四日に杉田玄白、前野良沢、中川淳庵等がここへ腑分（ふわけ）を見に来た。それまでにも解体を見た人はあったが、玄白等はオランダ語の解剖書ターヘル・アナトミアを持って来て、その図を実物とひきくらべ、その正確なのにおどろいた。その帰りみち三人は発奮してこの本を日本の医者のために訳そうと決心し、さっそくあくる日からとりかかった。苦心のすえ、ついに一七七四年（安永三年）八月『解体新書』五巻をつくりあげた。

　これが西洋の学術書の本格的な翻訳のはじめで、これから蘭学がさかんになり、日本の近代化がめばえるきっかけとなった。

　さきに一九二二年（大正十一年）奨進会が観臓記念碑を本堂裏に建てたが、一九四五年（昭和二十年）二月二十五日、戦災をうけたので、解体新書の絵とびらをかたどった、浮き彫り青銅板だけをここへ移してあらたに建てなおした。

　一九五九年　昭和三四年三月四日　第一五回日本医学会総会の機会に」

　お寺の本堂と橋本左内のお堂とのあいだを奥へはいっていくと、左内のお堂の裏がわのところから、隣の民家との境の石ベイを背にして、二十四人の「烈士」の墓石が二列に並んでいる。すれちがった年配の人が連れのものに「烈士」の墓を見ながら言った。

「このごろの全学連みたいなものだ」

文政五年（一八二二）八月、南部藩の浪人相馬大作と関良助の死屍がここに取り捨てになり、それが皮きりとなって、ここが国事犯の刑場になったといわれるが、この両人の名をそれぞれしるした板切れのようなものが、てんでに倒れかかったまま地べたに突きささっていた。墓でもあった跡だろうか。

そこを左へ曲がる。つき当たったところに、おい茂ったいけがきにかこわれた五坪（約十六平方メートル）くらいの場所があった。正面に「花ちりて雲ときえにし桜田のますらたけをゝしのぶけふかな」の一首をしるした大きな自然石の歌碑が立っている。明治の重臣「田中光顕─九十四叟」の作である。三方にいけがきを背にして並んだ墓石のわきには、氏名の肩に贈正四位とか正五位と書かれた立て札が立っていた。雲井龍雄や頼三樹三郎などの名が目につく。

安政七年（一八六〇）三月三日、雪の桜田門外に井伊大老を暗殺した一党三十三人の墓である。贈位のないのは二人、梅田雲浜は正四位であった。

ここから左へ、本堂の裏がわのほうへ行ってみる。思いがけなく昭和十一年の二・二六事件の磯部浅一の墓があった。昭和十二年八月十九日没、行年三十三。墓は妻との連名である。彼女は自殺であったように思う。

また観臓記念碑のまえまでもどってきた。一七七四年の『解体新書』から、ついに一九三六年の二・二六事件にめぐりあうとは、きょうはまったく近代日本にとって皮肉な歴史のあとをたどったものである。

急に暗くなってきた。観臓記念碑と門とのあいだの片すみのところに、一尺（約三十センチ）たらずのお地蔵さんと、その右に並んだ四、五尺ほどのお地蔵さんを見つけた。大きい方のには、非人という字が目についた。当寺の主人の話では、これは非人の供養のために建てたものである。小さいお地蔵さんの字は「魂は苦を離れて楽を得るなり」と読めるらしい。やはり子どものお地蔵さんにちがいない。夕やみのなかで主人の懐中電灯の光に照らし出されたお地蔵さんは、生き生きとした、あどけない表情がよみがえってくるようだ。

地下鉄の工事のときは、トラックに何台となく人骨が出てきた。それでもとりきれなかった。この二つのお地蔵さんもその辺から掘り出されたものである。

二　千住今昔物語

素盞雄神社

南千住の駅を出て回向院のまえから広い通りを北へ向かって行く。右がわの歩道は二百メートルほどのあいだ、銀座や浅草などに見られるようなアーケードになっている。素盞雄神社につきあたるところまでは、都電の軌道もなく、広々とした落ちついた通りで、骨（こつ）通りなどといわれた昔の様子は想像することさえできない。

このごろの東京は、中心からずっと離れたところでも、もう戦前にあったような場末といったものは見られなくなった。

素盞雄神社は、荒川区史によれば、桓武天皇（七八一—八〇六）の延暦十四年（七九五）つまり平城京から平安京に遷都した翌年の創建ということになる。社司石川氏の祖、黒珍が、当所にあって樹間の奇石から発する異光を認め、拝するに瑞光のなかに大己貴命（おおなむちのみこと）と、事代主命（ことしろぬしのみこと）の両神翁の形現われて神託あり、よってこの地に一祠を設けて両神をまつったと伝えられている。

久しぶりに、古事記（七一二、和銅五年）の物語を思い出した。伊邪那岐命（いざなぎのみこと）は、その子天照大御神には高天原（たかまのはら）を、月読命（つくよみのみこと）には夜の国を、そして素盞雄命には海原（うなばら）を治めるように委任された。ところが素盞雄命だけはそれに従わないで、長い顎髭が胸もとにたれさがるまで足ずりして泣いた。その泣くさまは、青山を枯山のように泣き枯らし、河海はすっかり泣きほしてしまった。そのために悪しき神の声は夏のハエのように満ち万（よろず）の物のわざわいがことごとに起こった。

伊邪那岐命が、委任された国も治めないで、なぜそんなに泣くのかとたずねると、「僕（あ）は妣（はは）の国、根の堅州国（ねのかたすくに）に罷（まか）らむと欲（おも）ふ。故（かれ）、哭（な）くなり」

と素戔雄命は申した。妣はなくなった母のことで、根の堅州国は地底の片すみ、つまりあの世といった意味であろう。これを聞いて伊邪那岐命はいたく怒って「しからば汝（みまし）はこの国に住んではならぬ」と詔（の）りたもうた。

古い母恋物語

そこで素戔雄命は天照大御神のところへ頼みに行ったが、ついに追放されて出雲の国の肥河上（ひのかわかみ）の鳥髪（とりかみ）というところにお降りになった。箸が流れてきたのを見て、この川上に人が住んでいることを知り、上流へむかって捜して行く。すると老夫婦が少女を中において泣いていた。八岐大蛇（やまたのおろち）が年ごとに来て娘を食い、もう八人のうち一人しか残っていないこの櫛名田姫（くしなだひめ）を、今食いに来るべきときであるという。

素戔雄命は八岐大蛇を退治して櫛名田姫を妻にし、須賀というところに宮を作る。このときその地から雲が立ちのぼった。そこで歌を詠まれた。

やくもたつ　出雲八重垣　つまごみに
八重垣つくる　その八重垣を

ここに新居をもったわけであるが、素盞雄命は母恋い物語の主人公で、縁結びの神さまかも知れない。こういったお宮が、小塚原の刑場と相対して、骨通りの一端にあるわけである。境内には芭蕉の奥の細道旅立ちの記念碑がある。芭蕉の座像（建部巣兆筆）と鵬斎が『奥の細道』の冒頭の一節を刻した二メートル足らずの碑が建っていて、上部に文、下部に芭蕉の座像が刻してある。

千住といふ所より船をあがれば
前途三千里のおもひ胸にふさがりて
幻のちまたに離別のなみだをそゝぐ
行はるや鳥啼魚の目はなみだ
はせ翁

碑面の上部から中ほどにかけて石面が剝落しているところがある。拝殿の正面右まえの大イチョウの根もとに立っていて、裏がわに、

文政三庚辰十月十二日
十日菴一雨、燕市

と書かれている。芭蕉が旅立った千住大橋はこの寺から二、三百メートルのところである。

千住夜話

南千住の骨通りから山谷のほうへ戻ってくるときであった。めったに見ないような大きなトラックが四台、向かいがわにとまっている。いまわたってきた貨物線の踏み切りが通行止めになったのであろう。そのトラックの見あげるような高さにびっくりしてしまった。車体の高さを別にしても、三メートルは十分あった。それが四台とも四角の形にきちんとカバーがかけてあるので、荷物がなんであるかわからなかったが、一台は東京・会津若松、三台は東京・福島であった。これからそこまで行くのかと、その大きなずう体に胸がこみあげてくるみたいであった。

昔の奥州街道は人の足のかわりに、こういうトラックで復活していることが眼前のトラックからじかに感じられた。線路のうえを走っていく貨車とちがい、人間が自身の足で歩いてはるばる奥州さして出かけていくと同じように、こんな町のどまん中に、しゃ断機のあがるのを待っているのだ。

数日まえに千住大橋をわたり右がわの青物市場にそって、そこから昔の奥州街道筋を歩いていった。それは奥州街道といっても、その左隣の、広々としたハイカラな都電の通りなどとは違い、紺のはげたのれんがさがっている小さなフロ屋があったりして、ただその地域だけの道みたいであった。

ところがそのじき先の左がわに、あき地をはさんで、日本新潟運輸株式会社とか、東京トラック運送株式会社とかいった看板のかかっている、バラックみたいな建て物が立っていた。そしてあき地に面した壁の高いところに、新潟、松本、仙台、神戸といった四つのコースと、それぞれのコースのいくつかの都市とを図で示してあった。こういう方面の仕事のことはなんにもわからぬが、貨物列車などとちがい、トラックには、どこまで行っても自分のための駅もなければシグナルもない。プラットホームに出むかえるランタンもないわけである。

この日は、骨通りに住んでいる年配のかたに会って千住夜話ともいうべき思い出をうかがうことができた。——もし誤りがあればそれは筆者の責任である。

Oさんは栃木の真岡の近くから東京のO家へむこさんに来た。慶応へはいったのは明治三十七年（一九〇四）か三十八年である。日比谷のかどに中山一位の局のお屋敷があった。そのお屋敷のなかに、同郷の画家小杉未醒さんの兄彦次さん（東京視学官）の家があった。Oさんはそこへ預けられたわけである。中学一年のときであったとか。河野広中らのポーツマス条約反対の国民大会とか、その翌年九月一日の電車賃値上げ反対の日比谷国民大会などの思い出を語った。そのころ、慶応には小泉信三、久保田万太郎、高橋誠一郎といった人たちが在学していた。

十四、五軒の骨通り

Oさんの家族が上京したのは明治四十年ころで、たぶんそのころのことと思われるが、この骨通りはまだ家が十四、五軒しかなかった。前もうしろもハス田で、コイやスッポンを養魚場でかっていた。小塚原から泪橋をわたって浅草の聖天町へ行くまで両がわはハス田であった。――大正六年にOさんはO家へ養子にきた。

関東大震災では焼けなかったが、戦災でこのへんは全部焼けた。――そういえば歩道のアーケードなど、まったく新興都市のようである。

慶応の学生のとき、明治三十八年（一九〇五）四月の花見に、飛鳥山からこっちへまわったことがあるという。浅草へ遊びにきたのか、あるいは向島の花を見がてらであったか。また学生のとき、千住大橋へボートできて、大橋のたもとへあがったことがある。Oさんはその若い時代の思い出の土地に住みついているわけである。

大正十年ころまでは、Oさんの家の二、三軒先と、この向かいがわに三、四軒ずつ遊女屋があった。その後、荒川放水路の千住新橋に近い北千住四丁目の西側の裏にもあった。――これはおそらく千住大川町のことだろうと思われる。――けれどもOさんは、南千住のほうがりっぱであったといっている。

筏師の話はおもしろかった。秩父の奥から材木は筏に組んで、荒川を下って千住まで運ばれる。そこで材木屋に売りわたすと、その金で筏師たちは遊んで、こんどは陸（おか）を、竿をかつぎ、絆天を着て歩いて帰る。遊びすぎて金がなくなると、質屋で金をくめんして帰る。だからこのへんは質屋がなん軒もあった。現在でもわりあい多い。

この土地にも地つきの筏乗りがいた。川の半分くらいはいつも筏で埋まっていた。

Oさんをたずねたとき、Oさんはいちばん奥の部屋で大きな机をまえにしてすわっていた。机のまわりには小学校の上級生くらいの女の子たちが、三人であったか勉強しているような様子であった。たぶん、この子どもさんたちの勉強をみてやっていたらしい。

この広いきれいな大通りに面しているOさんの家が、商店でも事務所でもなく、つまり普通のしもた屋であることが、いかにも古くからこの土地に住みついているという感じであった。

次に国電の南千住の駅をおりて、まっすぐに小塚原の回向院のほうへ出ないで、駅を出るとすぐ右へはいって行き、そのすぐ先を左へはいったあたりであったか、Aさんの家をたずねた。

Ａさんところは、自宅の向かいに親の代から鉄工場があった。大阪の出身のようにも記憶しているが、とにかく明治二十年代から今日で七十年になる。ここの南千住駅は日本鉄道といった時代からあって、これが鉄道院に買い上げられて国鉄となった。その鉄道院時代は、この駅と鉄工所と回向院しか、この辺にはなかった。Ａさんはそういう古い時代からこの土地の人であった。――このへんではいちばん古いことを知っている住人にちがいない。

吉原土手の青い炎

南千住の駅と回向院（小塚原）のほかには、Ａさんの家だけしかなかったころは、回向院まえからはいってきたＡさんの家のまえの道は、草がいっぱいおい茂っていた。その草で髪を結って通行人にいたずらをしたものですといって、Ａさんはちらっと笑った。子どもはいつの時代にも、またどこでも同じようないたずらをするものらしい。髪に足をひっかけて、うまくころがりでもすれば、それこそ一目散に逃げながらはやし立てたものである。

この辺一帯は畑で、草鞋や懐炉灰などを売っている荒物屋が一軒だけぽつんとあった。南千住の役場も、この田舎道をＡさんの家から奥のほうへはいって行ったところに、荒川区第三瑞光小学校と並んであった。Ａさんの父の南千住製作所（鉄工所）は、区立中学と共に、もとは東京電灯の火力発電所があったところで、またしばらく浅野セメントがあったところであるという。

骨通りをはさんでAさんの家とは反対がわの、南千住五丁目にあたる地域に、現在の第二瑞光小学校のわきに焼き場つまり火葬場があった。それでこの辺の道を焼場道といった。この火葬場はその後、国電三河島駅の近所へ移り、それから現在の三河島の博善社となったが、そのじぶんは、この辺はひどい田んぼのなかだった。

Aさんが親から聞いた話によれば、明治二十年ころ伝染病がはやったことがあった。いっぺんに何十人も焼くことはできないので積んでおく。するとキツネがその骨をくわえて吉原土手を走っていく。まわりは沼ともつかず、どぶ川などあって一面のアシである。その辺からキツネがやってきて、骨をくわえて吉原土手を列を作って走っていく。その骨がまっくらやみのなかに青い炎のようなリン光を放つ。――見渡すかぎり田んぼで、それがこの辺から、つまりAさんの家のあたりから見えた。それを「わたしどもの親たちが見た」というのである。

これはAさんの一家が大阪からこの土地に移ってきた明治十年代の話である。Aさんは寝物語にこういう話を聞いてこの土地に育ったのである。

火葬場の思い出話

ほかにも明治時代にこんな話がある。むかしの火葬場はたいてい村のなかでも人里はなれた田んぼや山のなかにあった。ある年の夏赤痢がはやった。伝染病は、普通の病死の場合のように、息をひきとってから二十四時間たたねば葬ってはならぬという規則によらない。直ちに消毒して、土葬でなく必ず火葬にしなければならなかった。ある年の夏、この村に赤痢が流行し、一人の赤痢患者をこの規則通り、息をひきとると同時に、途中、消毒の石灰を通路にまきながら人夫だけで村の山の中の火葬場に運んだ。

いちばん下に薪を組んで、そのうえに棺をそなえ、まわりにワラを積んで火葬するのであるが、そのワラが燃えあがった瞬間、異常な音がして棺の蓋が飛び散り、燃えあがる火炎のなかに死者がすっくと棒立ちになった、というのである。

伝染病の場合、死後二十四時間を待たぬので仮死の状態であったことがわからなかったのであろう。そんなことを思い出し、明治のはじめのころの千住の夜をしのぶのであった。

骨通りが素盞雄神社につきあたると、三輪橋の方から千住大橋へ通じる電車道に出る。その左かどに雑貨屋さんがある。店のうしろに、すぐ目につくりっぱな土蔵がある。主人の話によれば明治四十四年（一九一一）に建てたもの。大正になって電車道になったが、そこにお蔵があった。それを宅地のなかへ移そうとしたが、はいらないので新しく作ったのが今のお蔵である。関東の大地震でもカワラ一枚落ちただけ。今の店も同じ四十四年に改築したままである。

前の通りは、二間（三・六メートル）余、ガタ馬車が通っていた。ここいらも明治時代は田んぼで、ランプさえなく、みんなロウソクだった。そのローソクを家で作った。かどのロウソク屋といえば知らぬものはない。主人の父の代もロウソク屋だった。この辺の草分けである。

主人は明治十七年（一八八四）生まれ、おばさんは一つ上の十六年一月生まれである。するると今七十九歳である。目も耳もじょうぶで、空襲のときはここにがんばっていたがおそろしかったという。焼夷弾が雨のように降ってきた。店のなかへも落ちた。縄に火がついただけであったが、筋向かいの素盞雄神社は拝殿が焼けてしまった。一人むすこの倅も戦争に行ったが帰ってきたという。

主人の言うには、慶応元年（一八六五）辰年――聞きちがいかも知れないが、慶応元年は丑年で、辰年は慶応四年、つまり明治元年であるが――この年にこの家が丸焼けになり、主人の父が持っていたいろいろな書物や書類、重宝物を焼いてしまった。父は江戸三十六見付のお役――見まわり役――をやっていた。主人は四十一年の東京の「社の監督（？）」とかをしていたが、昨年自分からよしたとのことである。

主人は実にいろいろなことを調べているらしい。たとえば「奥州街道千住追分、これより左り上野東叡山寛永寺上寺下寺三十六坊道」とか「坂東十三番金龍山浅草寺道」といったふうにその記録を読んでくれた。主人のこの記録によると、主人の店のあるこの三辻は、千住追分といったのだろうか。

主人の読んだ記録にはこんな歌もあった。

「千住小塚原中村通りに一八軒のめし盛女郎あり。その歌

こつ（注・骨通り）や千住でお茶引き女郎が、吸いつけたばこで客を呼ぶ」

三　旧奥州街道

市場に明治しのぶ

千住大橋をわたって百メートルほど下って行った右がわに、東京都卸売足立市場がある。昨年十二月から足立分場とはいわなくなった。——この市場まえあたりから都電はいったん左へゆるやかに曲ってからまっすぐに北へむかっている。このカーブのところで奥州街道は都電の通りと分かれ、これとほとんど並行して右がわを北へまっすぐに延びている。

この分かれめの三角地帯はガソリン・スタンドになっている。日の光がはねかえるコンクリートのたたきに、まっ赤なスタンドが立ち、ひっそりとした、白いしょうしゃな事務所には、だれもいないと思ったら、若い女性の姿が一人ぽつんと見える。疾走する車の流

れのほとりに、ここだけは静まりかえっていた。

足立市場のまえから旧奥州街道を行くと、京成電車のガードのすぐ先に、従来通りの個人経営の市場を現在もつづけている店が、両がわに何軒か残っている。個人経営といっても、今はみな合資会社のような形になっているらしい。道の両端に残っているカワラのような敷き石に、わずかに昔の盛時をしのぶことができる。

今は営業をよして、通りから右がわの奥まったところに住んでいる一軒の家をたずねる。年配の奥さんが昔の大福帳のような帳面を出してきて見せてくれた。以前は入り口のおふろ屋の番台みたいなところに、問屋の主人か番頭、つまり売り子がすわってせりをやったらしい。値段がきまると、この「大福帳」につけて、その場で荷主の農家にお金をわたすのである。

一年間の水あげ帳は、一冊二帖（じょう）で百冊から二百冊ぐらいになる。この帳面をみせてもらったが、筆でかなり細かく書きこまれていた。紙は石州である。おかみさんが、まず一年のはじめに水あげ第一番と書く、といったときには、思わず過ぎ去った日がよみがえってきたような調子であった。

荷主の農家は先祖代々きまっている。荷主さんは夜っぴて荷を持ってくる。だいたい主人（あるじ）がせり人になるが、売り子も養成しなければならぬ。話しつづけるおかみさんの太った顔を思わず見てこの一家の舞台の一場面に自分も登場しているような感じがした。森鷗外の妹、小金井喜美子は『鷗外の思い出』にこう書いている。

「私の家は北組といって、千住一丁目の奥深いところでしたけれど、まだあたりの白まない内から、通を行く車の音や人声が聞えます」「あちらこちらから集った農夫と、買い出しに来た商人とで、市場は一杯になります」「それはひどい混雑です。毎朝その市場の人込みを分けて、肋骨の付いた軍服の胸を張って、兄は車でお役所へ通われます」

鷗外の家は千住北組一丁目橋井堂医院。明治十四年から十六年、鷗外が二十歳から二十二歳のときであった。

やっちゃ場

ひと月ほどまえ、芭蕉の『奥の細道』の話が出たとき、千住大橋をわたって元の奥州街道を少し先まで歩いてみたことがあった。そのついでに、昔からその名だけは聞いていた千住の「やっちゃ場」というのはどんなだろうと思って寄ってみた。千住大橋のほうからいえば、じき先のところで旧奥州街道が都電の広い通りからわかれて、これとほとんど平行して先へ通じている、その分かれめの、すぐ右がわにあった。

やっちゃ、というのは、何かの略語か隠語くらいにばくぜんと受けとっていたが、念のため辞苑をみると「かけごえ」とか「はやしの声」という意味で、値段を競（せ）るかけ声のことであった。

もう夕方近くで、市場には人かげさえ見えなかった。門をはいったところが、ちょっとした広場になっていて、左がわから正面にかけてバラックみたいな二階建ての建て物がカギ形に並び、そのかどの奥に、あけっ放しの、大きな雨天体操場ほどの土間があった。広々とした土間に、ほかには何もなく、ぽつんと少しばかりネギとハクサイが積んであるのが白々と光って見えた。もうだれもいないのだと思ってはいって行くと、まだ三、四人が残っていて、土間にしゃがみこんで話している。そこへ行って聞いてみると、このハクサイやネギは茨城からきたものであった。

門の左がわにある守衛所にはいって市場の様子など聞き、とりとめのない雑談をしていると、荒川のほとりの、人ひとりいない広い市場の構内の静けさが身にしみるようであった。

『東京都中央卸売市場史』（上）によれば、この市場の起源は、口碑に、天正年間（一五七三―一九二）に始まるといわれる。

市場の位置は、荒川の北岸、奥羽・常陸に通じる街道に当たり、古来から交通の要衝であった。関屋の里といった時代は、まだ荒川が架橋されず、両岸を渡船によって連絡し、両岸の人家はわずかに点在して農家と川魚を漁する漁夫とが、そ菜、川魚を交換するくらいのことであった。

荒川岸に三百数十年

徳川氏の入国は、天正十八年（一五九〇）であるが、文禄三年（一五九四）千住大橋が架橋されたころから、当市場はめきめき発展したと思われる。両岸に人家がひとかたまりとなって、北岸の河原には、川魚、前栽、米穀の取り引きが盛んになった。この市の発展に伴い、慶長、元和（一五九六―一六二四）のころに街区を河原町と称し、幕府から市場の公許を得た、といわれる。

素盞雄神社でみせてもらった『新編武蔵風土記稿』の写しによれば

「大橋南の方荒川に架す。長さ六十六間、幅四間、御入国（注・徳川家康）の後北国の道路自由ならしめんが為、伊奈備前守忠次に命ぜられ（中略）文禄二年より三年（一五九三―四、豊臣秀吉時代）に至りて掛渡せりと。其の頃は此処より二町程水上にあり、其の地当時海道に係りし渡、裸川の渡りとて渡津ありし地なりと云。其の後過ぎて今の橋より少し西に掛け直されしが、夫も替りて天明四年（一七八四）今の所に掛られしより御普請（ごふしん）度々に及ぶと伝う。（略）」

『武江年表』では橋が完成したのは文禄三年（一五九四）の九月となっている。

これでみると、千住のやっちゃ場がどんなにはやくから開かれたかがわかる。すでに三百七十年余の歴史をもっているわけで、その歴史はまた、交通、運輸のうえからいって千住大橋と切りはなしては考えられない。

今の千住大橋は昭和二年にかけられたものであるが、その南千住がわの橋のたもとに、このみごとな近代的様式とはまったく対照的な、小さな店がある。このごろはあまり見かけなくなったが、赤いのれんの横のガラス戸だなに、稲荷ずし、大福、こわめし、豆もちなど、食欲の郷愁をそそるものばかり並べた「古典的」な食堂である。この食堂のすぐ横をはいったところに熊野神社がある。地図などにも、ちゃんと出ているが、行ってみるとお稲荷さんの祠よりちょっと大きいくらいのものであった。

ところが、さきの『新編武蔵風土記稿』によれば

「小塚原町熊野神社は文禄年中（一五九二—九六）に始めて橋を掛けられし時彼社に祈誓して功成りしかば、其の後修理の度毎に橋の残材を以て当社を修造せらるること定例なり。土人是を橋の守護神と呼べり。（後略）」

と書かれている。また『武江年表』によれば

「文禄三甲午年（一五九四）九月千住大橋始めて掛る。此地の鎮守　熊野権現別当　円蔵院の記録に、伊奈備前守殿之を奉行す。中流急湍にして橋柱支ゆる事あたはず。橋柱倒れて船を圧し、船中の人水に漂ふ。伊奈備前守熊野権現に祀りて成就すと云ふ」

簡潔な表現のなかに、橋をかけることの困難と、必死の願いとが、今もなお迫ってくる。三百六十年まえのことである。

身にしみる静けさ

『江戸名所図会』（文化年中のもの）に「千住川荒川の下流にして隅田川浅草川の上なり」と書かれているが、このなかで千住川や浅草川の名は江戸市民にどのくらい親しまれていたのだろうか。千住川は千住大橋あたりから荒川が隅田川へ大きく曲がるあたりまでをさすものとして、いかにも親しみのある名であるが、隅田川の名を浅草川の上（かみ）にしてしまうと、浅草川から下流はどうなるか。

都市を流れる川は、いわば町の抒情詩であり、都市の叙事詩である。その詩を一節ごとに区切る橋は、伊奈備前守の昔とはまったく変わってしまい、河川の空間に一大景観をなすものとなったが、水は反対にもはや水ではなくなろうとしているのではないか。

千住の蔵造り

奥州街道は古くから青果市場（ヤッチャ場）の残っている町から先へゆき次第、明るいにぎやかな商店街になっていく。

このヤッチャ場の先の四辻を越すと左がわに川魚問屋鮒与商店という看板が庇のうえにかかっている店がある。みかげ石を敷きつめた広い店先にはオートバイ二台、自転車三台、軒下には一円硬貨ほどの穴がいっぱいあいているプラスチックの、ひらべったい四角な箱が高々と積んであった。

ガラス戸をあけてはいったところは、広いたたきの土間になっていて、右手に湧き出る水をたたえた小さな生け簀《す》があった。この土間にも店先のと同じ箱が片すみに高々と積んであった。土間の正面は、厚い板の縁のうえに、一段高くこまかい縦ごうしの戸が左右にぴったりとしまっていて、その左の端は、廊下のように土間が暗い奥へ通じている。まったく人のいる気配さえなかった。

ちょっと間をおいて、少女のような小柄な娘さんがこうし戸のところへ出てきた。娘さんの話では、いまはウナギとコイの卸し専門で、店売りはやらぬ。ウナギは静岡の焼津からだけで、朝五時半にトラックでくるとのこと。こんなに昼すぎては静かなはずである。

京都大学の教授であった文学博士内田銀蔵は、この鮒与の主人の叔父にあたる。京都大学史学科の育ての親であるといわれ『日本経済史概要』『近世の日本』『国史総論』などの著書がある。けれども鮒与をたずねたのは、そういうことからではない。

鮒与の先の四辻を左へ行けば右がわが足立区役所であるが、この四辻の手まえの左かどが東海銀行、右かどは文房具屋さんで、この店はずいぶん古く、むかしは居酒屋であった。

文化十二年（一八一五）――杉田玄白が『蘭学事始』をあらわした年の十月二十一日、この居酒屋の主人中屋六右衛門の還暦祝いに酒戦を催した。これに鮒与も参加している。見物人として画家の酒井抱一、谷文晁、文人の亀田鵬斎、大田南畝などを招待した。

このとき使った杯は五合（〇・九リットル）入りの江の島がいちばん小さく、三升（五・四リットル）入りの丹頂の鶴が最大であった。飲んだ量の最高は掃部（かもん）宿の市兵衛の四升五合（八・一リットル）で、鮒与は二升五合（四・五リットル）であった。鮒与にはそのとき使った二升五合入りの緑毛亀がいまも残っているが、まだ見る機会がない。

千住の大飲会はその後開かれなかったようであるが、はやくから宿場として繁盛し、ヤッチャ場がいきのいい長い伝統をもっている土地柄らしい催しであった。一丁目から二丁目にかけて町の空に蔵が目立って見えるのもほかの土地にはないことで、あの碁石のような那智黒（なちぐろ）の艶のある壁はこの土地でなければ見られぬものであろう。

橘井堂医院

千住一丁目の東海銀行から二つめの四辻の右かどに、協和醗酵工業株式会社の東京工場と東京営業所足立分室という看板が左右にかかっている、大きな鉄の門がある。門の向かって右に守衛所がある。今はダイヤ焼酎や合成酒を作っていると聞いたが、ここが春のひな祭りになくてはならぬ河合の白酒の元祖である。

守衛所から五、六軒手まえの横町を右へはいって行けば工場の裏にそった町通りに出る。その左がわの一郭は、今は洗い場になっているが、この横町から裏の通りに出る左がわのかどのところに、もとは民家が四、五軒あった。鷗外の父は南足立郡の郡医であったが、明治十三年（一八八〇）向島から一家をあげてこの千住北組一丁目に越してきて橘井堂医院を開いた。それがこの四、五軒の端の、通りに面したかどの家である。

鷗外はこのとき十九歳、東京大学の医学部の学生であった。十四年（二十歳）大学卒業、陸軍病院課僚となり、十七年（一八八四）ドイツに留学、二十一年九月に帰国した。そのときの模様を書いた妹の小金井喜美子さんの文章によれば、兄の帰国のために人力車を一台新調し、車夫には新しい法被を作った。

当日ともなれば、どこかで連絡があったとみえて、橘井堂医院の招牌（しょうはい）のあるところから曲がって見えたときは「大勢に囲まれてお出でした。土地がらでしょう、法被を著た人なども後から大勢附いて来ました。父がその人達に挨拶します。気の利いた仲働が、印ばかりの酒を出したようです」と小金井喜美子さんは書いている。

鷗外、青春の住家

ところが鷗外が帰国してから一カ月ばかり後に、エリスというドイツ娘が鷗外のあとを追って東京へやってきた。おそらく鷗外のすぐ次の便船に乗ったのだろう。彼女は築地の精養軒に泊まっていた。鷗外は「厳しい人目」があり、軍服を着て役所の帰りにあいには行かれない。喜美子さんの夫の東大教授（民族学者）小金井良精博士は、喜美子さんのつたえるところによれば、日毎というように精養軒に通いはじめた。博士の説得と弟の森篤次郎（劇評家三木竹二）の助力で彼女はようやく納得して、一カ月ばかりの滞在で帰国することになった。小金井博士のその頃の日記には「今日は模様宜し」とか「今日はむつかし」などと書かれてあったという。

いよいよ帰国というとき、鷗外と、大学生であった弟の篤次郎に小金井博士の三人で見送りすることになり、エリスとともに前の晩から横浜に一泊し、翌日は朝早く艀舟（はしけ）でエリスの船が出帆するのを見送った。

その後、このかどの橘井堂医院の鷗外の部屋のタナのうえには、緑の繻子（しゅす）で作ったりっぱなハンケチ入れに、鷗外とエリスのかしら文字であるMとRとのモノグラム（組み合わせ文字）を、金糸であざやかに縫い取りしたのが飾ってあった。

白酒づくり

森鷗外の一家が住んでいた千住の家は、昭和十八、九年の強制疎開でこわしてしまい、いまは表通りの協和醱酵の広い敷き地のなかにはいり、石炭置き場になっているので跡かたもない。この裏通りには、もと小川が流れていたが、それもなくなって舗装道路になっている。

本通りの奥州街道に面した右がわの、協和醱酵の正門と、その手まえの、鷗外の旧居へはいっていく路地のかどまでのあいだの五、六軒の商店が、もと徳島屋という大きな酒屋の店があったところである。間口十二・七メートル、鴨居は太い丸の一本、ひとかかえ以上の大黒柱が、でんと立っている店であった。

この徳島屋といった河合家は、三百年以上もまえからの地酒造りであった。いまの協和醗酵がそのあとである。徳島屋と書いた徳利を入れて、大きな御膳籠（ごぜんかご）を天秤（てんびん）でかついでご用聞きに歩いた。御膳籠というのは、料理屋などで食品を入れ、天秤の両端にかけてかつぐ四角な竹かごである。土地の人々は、三百年以上も昔から代々このご用聞きになじんできたわけである。

河合の地酒造りが、三百年以上もまえからだというのを、かりに一六六一年（寛文元年、四代将軍家綱）のころとしてみる。すると芭蕉が『奥の細道』（一七〇二年）のはじめに「行く道なをすゝまず。人々は途中に立ちならびて、後かげのみゆる迄はと見送るなるべし」と書いた元禄二年（一六八九）三月二十七日（陽暦五月十六日）には、その芭蕉のうしろ姿を、この徳島屋の店先に見ることができたのである。

徳島屋は兄の善兵衛が小売を、弟が醸造を受けもっていた。ヒナ祭りに欠くことのできない河合の白酒は、この醸造を受けもっていた弟のむすこ金三郎がはじめて作り出したのである。徳川末期のころのことであった。鷗外一家が向島から越してきたのは、この酒をはじめて作った金三郎の、姉が住んでいた家であった。このころが白酒の流行時代でハワイやサンフランシスコにまで輸出していた。

東京大学教授の経済学者河合栄治郎（一八九一―一九四四）は、河合の白酒で知られた徳島屋の善兵衛のむすこである。昭和十三年（一九三八）著書が発禁になり、後起訴されて休職となった。さいきん福田善之作「長い墓標の列」（四幕）を劇団青年芸術劇場の台本で読んだ。主人公の教授が昭和十三年秋から十九年になくなるまでの、戦局の推移に伴う教え子や研究室の動きと、教授の孤独のたたかいを描いたもの。墓標の列とは、じゅうりんされた一切の思考とヒューマニティーの墓標の列ということだろうか。

京都大学の教授内田銀蔵は川魚の鮒与、東大の河合教授は地酒の老舗。ともに宿場の旧家の出で経済学者であったことは興味ふかい。

四　荒川土手

荒川放水路

名倉医院の先から荒川放水路の土手にのぼった。町なかでこんなに広大な空間はほかにないだろう。両岸とも土手に沿って人家がびっしり詰まっているだけに、この空間は実に親しみぶかい。

ちょうど日曜日で、土手下の広いグラウンドでは幾組みものチームが野球をやっている。グラウンドと向かい岸とのあいだの速い流れを、赤いモーターボートが艇身の半分くらい水面から飛び立つような勢いで、バウンドしながら疾走している。

千住新橋を渡って向こうがわの土手を川上にむかって歩く。橋から上（かみ）は流れが反対がわになり、土手に沿って川幅の半分くらいは浅い沼みたいにアシが枯れたまま密生している。右がわの土手下は道をへだてて二メートル幅ほどの、水量ゆたかな小川が流れていて、小川に沿って人家が密集している。土手のうえから北の方を見わたせば、草加のあたりか、人家ははるかな空につづいている。

川田橋ポンプ排水所の先であったか、人かげもない庭に大きな一頭のウシが立っていた。ウシを見るのも、ずいぶん久しぶりである。立ち止まってよく見ると、屋敷の奥まったところに乳牛の牧舎があった。反対がわの岸に沿った枯葦のなかには小鴨がひっそりと遊んでいた。

対岸の四本のお化け煙突が、ちょうど三本に見えるところへきた。昭和二十何年ごろであったか「煙突の見える場所」という映画が上映された。ついさいきんはまた、テレビで放送されたが、この映画では四本の煙突が三本に見えている。だからこの映画に登場する若い夫婦が二階を間借りしていた家は、この堤防の下あたりであろう。

放水路のがわの、土手の下のところで、あたたかそうに西日を受けて、二人の子どもがいる。

しきりに何かやっている。土手のふちにかがんで見ていると、カメの甲のような形にかま、どらしいものを作っていた。ほぼできあがったとみてか、子どもは煙出し用らしい半メートルほどのぴかぴか光る細いブリキの筒をやおら手にとって、しきりに考えはじめた。川は岸に沿って枯葦の密生した沼地になっていて、小鴨があちこちにひっそりと動いている。

お化け煙突

西新井橋のたもとには土手のうえに駐在所があった。そこへ下から雷門ゆきのバスがのぼってきた。土手のうえの停留所は、なんだかはるばるとやってきたいなかのような感じである。

橋をわたってまっすぐに行けば、百メートルほどで荒川の尾竹橋に出るが、左へ広い通りを行く。右がわの奥まったところにおいなりさんがあった。ちょっとはいってみると、両がわに、青銅のキツネが、高い台石のうえに頭だけこちらに向けて横になっている。左のキツネは一匹の、右のは二匹の赤ん坊を抱いている。キツネが子どもを抱いている像は見たことがなかった。

気のせいか、産後らしくほっそりした、なごやかな顔つきに若い母親の表情が見えるような気がしてきた。

お化け煙突の千住火力発電所は、おいなりさんの並びの、すぐ先にあった。「設備概要」によれば、東京電灯株式会社により大正十五年一月建設され、昭和二十六年五月、東京電力株式会社が設立されて同社に所属、今日に至る。

守衛さんの話では、お化け煙突といわれるのは、ほんとうは四本の煙突が三本に見えたり二本になるからではない。この発電所は戦時中から常時火力となったが、もとは予備火力として発足し、操業しないこともあった。そこで煙が出ていたり、またしばらく出なかったりで、そういわれるようになったのが、いつの間にか変わってきたわけである。

四本の煙突は東西に細長い菱形をなしている。だから東西からみれば東西の二本は重なって一本になるので全体は三本に見える。南か北から見た場合も同様である。ところが斜めにみれば、たとえば東と南、西と北がそれぞれ重なって二本になるが南北の煙突のあいだはわずか十メートルしかないので、東か西の遠方からみれば、南北の煙突がほとんど一つになって、東西の煙突を結ぶ線上に重なってしまい、四本がまるで一本のように見えるのである。

子どもたちに人気があって見学や写生にずいぶんくるとのこと。高さ八十四メートル、上部の直径四メートル八、底が六メートル四……風のないときでさえ三十センチ以上もゆれているというのにはおどろいた。

第六の歩道　伝統のおもかげを追憶する漫歩道

一　向島百花園

四季百花の粋

いまは正月の七日に、形だけでも七草ガユを食べる家は、ほとんどないといっていいだろう。

戦前にはそれでもホウレンソウやミツバ、コマツナなどでまにあわせて、モチのはいった白ガユを食べたものだ。まっ白な熱いカユにまじって、キツネ色に焼けたモチのこうばしいにおいが、コマツナの黒いまでに濃い色の食欲をそそる。

こんなにあっさりとして、それでいて濃厚な食欲は、あいだにハシをつける田作り（ゴマメ）やゴマメ入りのなますといい、ほかにはちょっとないにちがいない。

向島の百花園（寺島町一丁目）では、元日から七日まで、新春特別無料公開で、春の七草を売っているというので、さいごの七草ガユの日に出かけた。いまは都内で七草がそろって手にはいるなど、容易なことではないだろう。

入り口に「イヌの連れ込みと子どもだけの入園は堅くお断わり致します」の一文が、なんと黒縁の額に入れてかけてある。やはり風流なものである。

ずっと見渡すと、大きな樹木はみんな周囲のへいにそって片づけられているみたいで、園ぜんたいをゆっくりと見渡すことができる。園のずっと奥のところに、左右に延びている泉水が、わずかにそれに変化をあたえている。歩きながら、広い空間にのびのびと空を仰ぐこともできる。

大きな石の句碑などがあるが、それらも、みんな周囲の木かげにあって目立たない。立て札に「ここはいろいろな草をながめる庭です。草だからといってとらないで下さい」と書いてあった。

「草をながめる庭」とか「草だからといって」という、ものやわらかな言葉づかいが、実に新鮮な感じがする。「イヌの連れ込み」も目に見えるようにあざやかである。

碑で目についたものに、明治初期の新聞小説のさし絵画家として知られている月岡芳年がある。

「明治二十五年六月九日不帰の客となる。時に年五十四……」明治三十年十二月、題字は正三位公爵三条基弘。御歌所の歌人小杉榲邨（すぎむら）選書である。

この題字や選書の人物の格式からみて生前の芳年がどんな人物だろうかと考えてみる。

また二世河竹新七の塚がある。「俳名を其水、晩（年？）に古河黙阿弥と改む。壮年より演劇作者となり（略）」と書かれている。

明治二十七年十一月、女吉郁いと子、三世河竹新七、門人竹柴其水――と書かれたあとに、さらに、明治十三年三月、二世河竹新七記と、当人が書いたことになっている。

つまりこの塚の文章は、黙阿弥自身が、明治十三年にすでに書いてあったものということになる。黙阿弥は翌明治十四年十一月「島衛月白浪（しまちどりつきのしらなみ）」を新富座に上演して、記念興行として隠退を披露することができ、このとき古河黙阿弥と改名した。

なくなったのは、明治二十六年一月二十二日、享年七十八歳である。

百花園の由来

ここで向島百花園の由来をあらまし紹介しよう。

百花園は文化元年（一八〇四年）佐原鞠塢（きくう）が開いたもの。鞠塢は仙台の人、江戸に出て住吉町に骨とう商を営み、北野屋平兵衛と称した。

晩年、産をなし、葛西領寺島村にあった武家かかえ屋敷の旧地三千余坪を購い、ここに閑居することになった。

骨とう商だった当時、愛顧をこうむった文人に、加藤千蔭（江戸時代中期の歌人・国学者）、千蔭とともに江戸派の双璧と称された村田春海（前同）、大田南畝（蜀山人、とくに狂歌の天明調の基礎を作る。故事に通じ、洒落本や、こっけい本にも縦横の才を発揮した）、亀田鵬斎（江戸末期の儒者）、大窪詩仏（同期の漢詩人、常陸の人、宋元の清新の詩風を喜ぶ）……等があった。

鞠塢は自らスキ、クワをとり、これら文苑の名士と相談して、梅樹や四季百花の粋をあつめ、詩情ゆたかな花圃となした。

東西南北、客争いきたり、花屋敷、百花園の名はあまねく世に知られるにいたった。ところが明治以来、しばしば出水の厄にかかり、園景は荒廃にひんした。故小倉常吉氏は深くこれを惜しみ、大正のはじめ、資を投じて旧景を保存し、他日公開するつもりであったが、実現できないうちに世を去った。

こうして昭和十三年十月、園地いっさいあげて東京市に寄付せられた。史跡名勝天然紀念物保存法により指定された、本園保存の趣旨にしたがって復旧をはかり、昭和十四年七月、公開を見るにいたった。

百花園の名はだれも知らぬものはないだろうが、公開されたのは案外あたらしいわけである。とにかく江戸中期以後の代表的な文人、学者の協力によって作られたのが、都市のまんなかに、そのまま公開されていることはうれしい。

鞠塢は天保二年（一八三一）八月、次の辞世の句を残して没した。

隅田川　梅のもとにて　我死ば　春咲く花の　肥料ともなれ

この「肥料ともなれ」と結んだところに、蜀山人の天明調の風流があったのではないか。七草の日の百花園は色あざやかな長いたもとの娘たちが多かった。赤い夕日にうかびあがった、その静かな情景は都内ではちょっと見ることのできないものであろう。もう七草は売り切れていた。焼きスギをみがき出したのを、井ゲタの形に組み合わせたハチに、白砂を盛って七草をみごとに植えこんだのが、ことしの七草のさいごを告げるように、ひとつだけ受け付けに飾ってあった。

二　木場

町のたたずまい

木場は材木屋の裏がたいてい川になっていて、水面は原木でいっぱいである。昔は半年、一年と長くつけておかねばならぬといったが、今は少ししかつけないそうである。むしろ運搬や貯蔵のためにつけてある。橋のうえから見ると、なかには、さしわたし二メートルもありそうな太いのがまじっている。

水のうえは丸太のままの材木がいっぱいで、たまにしか人影は見えない。陸（おか）で働く人はおか人夫といい、水のうえで材木に乗って長鉤（ながかぎ）や手鉤をつかって働いている者を川並（かわなみ）といっている。川並は品物をよく知っていて、等級や品種がわからねばならぬし、太さ、長さ、石出（こくだし）などの計算ができて、筏作りや、桟どりといって水中に材木を縦と横の交互に積みあげる作業をやる。そして川底の泥のなかへ樫棒（かしぼう）を立てて桟どりを動かぬようにしておく。今はこれを機械でやっている。

またイモつなぎの筏といって、材木を三分の一くらいずつ重ねあわせたものがある。これはおもに太い木の場合で、運搬に便利なようにできている。川並のつかう手鉤は五尺（約一・五メートル）の樫の柄で、長鉤は竹の柄で十三尺（約四メートル）もある。これは水陸ともに使っているが、この手鉤でも材木屋の使うのは、米屋などが使うのとはちがう。材木を筏にするのにも藁縄をつかっていたが、今は針金が多くなっているという。こうした鉤や手鉤のちがいは、いかにも稼業の様式に深く根ざした長い伝統といったものがみられる。

伝統の落ちつき

通りを歩いていると、あけっ放しの土間の製材工場のわきには木の香のにおってくるような一束（いっそく）ものが、いっぱい立てかけてある。たいていその隣が事務所になっているが、木場の事務所ほどそうじがゆきとどき、清潔で整然としているところはないだろう。それがいかにも新鮮な木の香とぴったりして、長い伝統の落ちつきが町のたたずまいに感じられる。

組合長をしていた斎藤さんに、どうして材木を水につけておくのかとたずねてみた。するとおじいさんは「水を吸ったり出したりして」と、何か手まねをするようなかっこうをして「なかの生きてるときの悪い部分」つまり木の灰汁（あく）が出てしまうと言った。なかには水の中に十年もおいてあるのがたまにはあるという。この灰汁がぬけて質がよくなる。けれどもそのためにああして水につけてあるのではない、とも言った。

材木には淡水に少し海水がまじっているのがいい。けれども今の海水は塩が濃くなりすぎているという。どういうわけかわからぬが、おじいさんは敏感である。そんなことを思い出しながら帰りの橋を渡って行くと、黒い水の上にまっ白な雲が光っていた。雲のなかから太陽が出てくるところであった。すべてが備わっているこの古典的な町から木場が引っこさねばならぬとは想像さえできない。

霊巌寺

霊巌寺は江東区役所の右隣で、史跡松平定信墓と書いた、みかげ石の角柱が立っている。門柱には、松平楽翁公霊域（右）昭和四年五月修築（左）としるされている。松平定信といえば、老中（天明七＝一七八七）になるとまず奢侈を禁じ、寛政（一七八九―一八〇一）の改革を断行したことで知られているが、たとえば羽織の、表はもめんで、裏をじみな、こった柄の羽二重にするといった、人の目につかぬところに金をかける、いわゆる渋い好みというのは、この禁止令あたりからはじまったといえるかもしれない。

電車通りに出てじき先を左へ曲がれば、左が清澄公園の入り口、右が本誓寺で、その右横の通りをへだてて墓地がある。入り口に次のような掲示板があった。

都史跡村田春海墓

春海通称は平四郎、錦織斎又は琴後翁と号す。村田春道の次子に生る。国学を賀茂真淵に、漢学を服部仲英、皆川淇園に学び、和学の一派を開く。文化八年二月十三日没す、六十六。

昭和三十一年三月

東京都教育委員会

村田春海（はるみ）の「平春海先生墓」は台石をふくめ一メートル余、墓石の右上から横のふちへかけて少しひびがはいっていた。本姓は平、通称は平四郎といい、生家は江戸小舟町の干鰯問屋、使用人百人、当時十八大通の一人として、漁長の名で浄瑠璃にまでうたわれた。めいの多勢子を養女とし、春路を迎えて家をつがせた。春路の墓石には、慶応三丁卯歳七月二十六日卒と刻まれている。

本誓寺

本誓寺には福田行紀という表札がかかっていた。幾日かしてから、ふと、この名に何かおぼえのあるような気がした。また幾日かして、ふと思い出したのは、実は福田行誡であった。

明治のはじめころ、歌人として知られている三人の僧侶があった。大熊弁玉（文政元年＝一八一八＝生）は浅草に生まれ、晩年は神奈川三宝寺の住職となり、慶阿上人といった。長歌には実にすぐれたものがある（明治十三・四没）。天田愚庵は嘉永七年（一八五四）磐城国の平に生まれ、維新の戦争で孤児となり、各地に放浪、明治七年征台の役に従軍、十一年、清水の次郎長の養子となったが、二十一年、京都の林丘寺の僧となり、晩年は伏見桃山に庵を結んだ。その万葉調の歌風は、正岡子規が明治三十年代のはじめ、短歌の新生面をひらくうえで実に貢献するところがあった。
行誠（文化三年［一八〇六］―明治二十一年、八十三歳）は武蔵国豊島の生まれ、芝増上寺の貫主、後に総本山知恩院門主となったが、明治十九年三月、病を得て一時、この本誓寺に身を寄せていたのである。現在の行紀さんはそれから四代くらいだろうか。行誠の歌一首。

さくら花匂う吉野の山ながら
我みほとけにたてまつらばや

三　堀切菖蒲園

町人の世界

堀切といえば遠いところのように思っていたが、国電の日暮里駅で千葉行き（上野発）の京成電車に乗りかえ、新三河島、町屋と、ほとんどまっすぐに東に向かい、荒川を渡れば千住大橋、京成関屋で、次に荒川放水路と綾瀬川のいっしょになった鉄橋を渡れば、すぐそこが堀切菖蒲園駅であった。

菖蒲園は駅から南へ約十分、入り口は大きな四角の木の門柱が立っていて、個人の古風な屋敷のような趣がある。ここや向島の百花園は、いわば個人の趣味の庭園であっただけに、そういった町人の世界の、ものやわらかなハダあいが感じられる。

一週間まえにきたときは、門からまっすぐに見えるところに白いのがたった一輪、小雨のなかに咲いていていただけで、それが目に残っていたが、こんどは門のすぐ先から左手へかけて、もうショウブ田いちめんにびっしりと咲いていた。一株ごとの青々とした細長い葉の束のなかから抜き出た一つ一つの花がくっきりと目に映ってくる。そこには広々とした、親しみ深い平地の空があった。

ショウブの葉のように、葉の美しさにとって欠くことのできないものはないだろう。株ごとに青々と茂った、細長い葉の、その葉さきの清純な鋭さがないならば、この花の、ひめられた濃艶な姿は、そのすらりとした清楚なふぜいを失うにちがいない。ふと気づいたのは、自分がやはり、光琳ふうのショウブのびょうぶ絵や蒔絵に、郷愁に似たものを感じていることであった。

その案内記

菖蒲園の案内記によれば、たとえば一説では、寛文・延宝（一六六一―一六八一）のころ、つまり徳川幕府の第四代将軍家綱の時代に、堀切村の百姓小高伊左衛門が各地の花ショウブを収集したのが始まりである。明治三、四十年代には、ほかに四カ所もショウブ園が相次いで開園した。これは同じ時期の明治三十九年に、菊人形が団子坂から両国の国技館に移って盛大となったのと同じ世相からであろうか。

けれども太平洋戦争中は、維新前後と同じようにショウブ園もまた衰微し、昭和十七年にはついに水田となった。また昭和二十九年九月には水害のために絶滅の危機にひんした。こうして昭和三十五年六月一日、東京都立堀切菖蒲園として公開するにいたった。わずか三年まえのことである。

係り員からくわしく聞いた一年を通じての栽培の話。剣葉の密生したなかに三弁咲きとか獅子咲きといった、さまざまな趣向をこらした形や色の変化。アサガオやキクなどと同じように「宇治の川霧」とか「夢野の鹿」といった古典的な名まえ……。ショウブ田には細い土手道が模型のように通じ、そこには橋があり、小さな島には水にのぞんでマツの木もあった。それはショウブ田が日かげにならぬような、小さいマツの木であった。

ほど近い綾瀬川の堤に立てば、荒川放水路の対岸の、北寄りの町の空に、ここからもお化け煙突が高々と見えた。

四　田端の駅

筑波おろし

この道はいつか来た道、なつかしい言葉である。

大正九年に筆者がはじめて東京へ来て田端の駅におりたときは、いまのところではなかった。現在の駅の北口を出ると、すぐ左手の向かいに鉄道病院がある。その左がわの改正道路をまっすぐに行くと動坂へ出るのだが、病院のところを右へ曲がると、旧道はだらだら坂になり、じきに左へ曲がると道は急なのぼりになって高台通りに出る。ところがこの駅からのだらだら坂を左へ曲がらないで、まっすぐに高いガケの下をおりて行くと、そこが形ばかりの狭い駅前広場みたいになっていて、右側の線路のきわに小さな、いなかじみた駅があった。これがもとの田端駅である。

改札口を出ると、すぐ目のまえに、すそのほうを削りとった高台のガケがそそり立っている。そのま下にかなり大きな桜の木が一本あって、らんまんと咲いていた。ひっそりとして田舎の駅のようである。中学の五年になる春休みに、一年まえまで教わった英語の先生を——上京したのを機会に——動坂にたずねるために省線で来たのである。

あの崖のうえには国会で佐々木蒙古王の名で鳴らした代議士の邸があった。

いまの鉄道病院のあるところは、ずっと大正の終わり近くまで沼であった。高台通りの沼のうえにあたるところは、まくら木のサクになっていた。夏になると、涼みに出てきた人が、夕やみにまぎれてサクのまえに立っている。沼のうえにはコウモリがむらがり飛んでいる。それが沼のうえの暗がりから空の夕あかりのなかに舞いあがってくると目に見える。そしてひらりと沼のやみの中に消えていくのである。

秋から冬にかけて、からっと晴れた日は、遠く筑波山が、うっすらと空の青から区別されて、波のような形に見える。冬になってこの高台に吹きつける風を、風流めかして筑波おろしともいった。けれどもこの高台通りのどこからでも目にはいってくるのは、千住のおばけ煙突である。そのまっ黒な煙突は三本に見えたり二本に見えたりするのである。

沼地の右がわには、高台通りに面して玉突屋と入り口を並べて更科ソバと旅館があって、それらが汽車の煙でくろずんだ横っ腹を沼のうえに見せていた。そして左がわには、駅からのぼってきて高台通りに出るところに、沼のうえにかかっているような格好で白十字の喫茶店があった。

この沼地をめぐる一郭のすすけた風景は、何か不思議な感じがする。喫茶店、玉突屋、ソバ屋、旅館……それは、東北線が開通し、田端の駅ができるようになったころの、近代都市のさいしょの郊外となった、ありし日の姿を見る思いがする。

芥川龍之介が田端駅の南口の近いところに新宿から越してきたのは、大正三年二月。当時は府下豊島郡滝野川町字田端といった。その隣には、正岡子規のところではじめて行なわれた歌会——明治三十一年三月二十五日——の出席者であった鋳金家の香取秀真（かとり・ほずま）が住んでいた。室生犀星が詩誌『感情』第二号を出すとともに本郷千駄木から田端へ越してきたのは大正五年七月であった。

田端はこういう上野の奥の郊外であった。このときから十年、大正末には中野重治の『むらぎも』にこんな場面が出てくる。「おれたちは懐しく顔を見あわせた。なつかしく——それはこれくらいの時のための言葉だったのだろう。田端の大正軒で、おれたちは何度ぐらいライスカレーやチャーハンを食ったろうか？　何度ぐらい、全部で何本ぐらい何百本ぐらい瓶詰を飲んだろうか？　どれくらい喋ったろうか？　田端の崖の上の、田端駅の煤煙にすすけたちゃちな食堂兼酒屋、詰めて十人とははいれぬ店の狭さ」「そこへ狭間京太郎がやってきて坐って、落ちぶれた西洋人のような顔をして『新古今』の恋歌について飽きずにしゃべっている」「袋から朝日を出して、火をつけぬさきから吸口をぐちゃぐちゃに嚙みつぶす。また袋から朝日を抜く」「火鉢いっぱいにそれがつきささって、狭間がふらりと出て行ったあと、女ボーイの一人が『あの方、どなた？』といって訊く。『狭間京太郎さ』とおれが答える。『あの方、駄目ネ……』と女ボーイがいう。『どうして？』とおれが訊く。『たばこをあんなふうに吸う人、出世しないのだわ』『うわっはっはは……』と鶴来が笑いだす。色のくろい、ごりのような顔をした斎藤鼎がやってくる。『おほほン……』といった咽喉音をさせて瓶詰をすこし飲む。見当のつかぬ女たちが『変ったおやじ……』といった顔つきでそれを眺めている。美しい深江が大学の制服できて、酒が飲めぬため麦藁でシトロンを飲んでいる」

彼らはどこへ行っても名なしの権兵衛であった。けれどもここでは見当つけておこう。狭間＝萩原朔太郎、斎藤＝室生犀星、おれ＝作者、鶴来＝窪川鶴次郎、深江＝堀辰雄といったところであろう。昭和二年七月になくなった芥川龍之介も加えて、大正末期の田端時代といった空気が感じられる。

五　飛鳥山

逍遥の飛鳥

坪内逍遥の『一読三歎　当世書生気質』（明治一八・六―一九・一）は近代日本文学のさきがけとなった小説であるが、その第一回は「鉄石の勉強心も変るならひの飛鳥山に、物いふ花を見る書生の運動会」という見出し。時は明治十五、六年ころであろうか。

「花をいでて松にしみこむ霞かな、其春霞たちそめて、景色とゝのふ飛鳥山、山も麓も一《ひと》面《つら》に、花と人とに埋《うも》るゝ、四月なかばの賑ひは、上下貴賤おしなべて、共に楽しむ昇平世《おほみよ》の、めでたきしるし著き」

「毎度ありがたうお静にいらっしゃいまし、の愛敬を背《そびら》にうけて、扇屋の店をたちいづるは、男女七人の上等客」

「微酔《ほろゑひ》機嫌の千鳥足にて、先に立たる一個《ひとり》の客は、此一団《ひとくみ》の檀那と見え、素人眼《しろうとまなこ》の鑑定では、さる銀行の取締歟《か》、さらずば米屋町辺かと、思はるゝ打扮《いでたち》。米沢の羽織に、ぢみな琉球紬の薄綿入、水獺《かわうそ》の帽子を眉深《まぶか》にいたゞきたるは、時節柄少し暑さうなり。年ごろは四十三、四。金時計の鍵を胸の辺に、散々《ちらちら》と計り見せたるは、昔床しき通人《とほりもの》なるべし」

婦女二人は数寄屋町の芸者。数寄屋町は不忍池と上野広小路とのあいだの一画。ひとりは年ごろよう十七、八。「尚《まだ》赤襟の色さめぬ、新妓《しんこ》なりとは見えながらも、客をそらさぬ如才なさ、花の巷の尤物《まれもの》とは、其挙動《そのとりなし》にも知られたり」そして故人となった田之助の舞台顔に似ているので田の次といった。

「さる程に件《くだん》の一団《ひとくみ》は、やをら扇屋をたちいでつつ、飛鳥橋をば打渡りつ、丘の麓へ来りし時、例の檀那はたちどまりて、若き男を見かへりつゝ、『吉住《よしずみ》さん御覧なさい。なんと絶景ぢゃアないかネ。今から直《すぐ》に帰館とは、ちと残りをしい次第だから、どうせ車夫《くるまや》の待せついでだ、あの葭簾張《よしずばり》のあたりへいって、更に一喫煙《いっぷく》としようぢゃアないか』吉『実に夕陽《せきよう》に映ずる景色は、又格別と言はざるを得ずです。園田さんいかがです。お伴をしようぢゃアありませんか』『賛成、賛成、大賛成。幸ひ花見連も余程散じた様子だ。一番ずっと若返って、鬼ごっこでもはじめようか。どうだ。小年《ことし》も田の次も、仲間にはいんな。運動になっていいぜ』」などと言いながら山を登って行く。

「咲乱れたる桜の木蔭に、建連ねたる葭簾張《よしずばり》も、ゆふぐれつぐる群鳥《むらどり》と、共に散りゆく花見客。休らふ人も漸々《やうやう》に、稀なる程の眺こそ、また一層《ひとしほ》ぞと打つぶやく、しづ心ある風流男《みやびを》あれば、あたりかまはぬ高吟放歌、相撲綱引鬼ごっこ、飲みつ食ひつ此時まで、興に乗じて暮初むる、春日わすれし一団あり。人数《ひとかず》およそ十人あまり、皆十二分に酔《ゑひ》どれたる、貌《かほ》に斜陽《ゆふひ》映《てり》そふれば、さるに似たれど去りかねて、臥転《ふしまろ》ぶ人、扶《たす》くる人、共によろめく千鳥足、あしたの課業の邪魔になる、起きたまへとの一言にて、いよいよ書生の花見ぞとは、いと明にぞ知られたる」

この一仲間《ひとなかま》は、さる私塾の大運動会の居残りと見えて、「彼方《かなた》は、空虚《から》になった菰被樽《こもかぶり》の記念碑あり、此方《こなた》には竹皮包の骸《むくろ》が、杉箸と共に散乱たり」といった情景。書生たちはおおかた帰った跡と見える。

「其中に一個《ひとり》の書生あり、しひて酒をば飲まされたる其苦しさにや堪へざりけん、遥か離れし古木の根へ、臥仆《ふしたふ》れしまゝ、前後もしらず、此時までも熟眠《うまゐ》せしが、春とはいへどさすがにも、黄昏《かはたれ》ぎはの風寒み、どやどや帰る足音の、耳に入りてや起きあがる」

そこでこの学生の容姿、顔だち、身なりについて、当時の小説が一般にそうであったように、事こまかに書かれている。

この書生が小町田粲爾で、田の次は今は芸者になっているが、少女時代を小町田の家で粲爾と共に育ったのである。小町田が身づくろいして、ふもとのほうへ行こうとすると、うしろのほうから走ってきたものが避ける間もなくつきあたる。「アラ御免なさいョ、真平御免なさいましョ」女の声なのでおどろいてふりかえる。書生の顔を見て相手もびっくりする。「オヤ貴方はにいさんぢゃアありませんか」「エ。お芳さんか。寔《まこと》に久しぶりだネエ」

これから二人はいつのまにか恋仲となり、それが学校がわに知れて小町田は処分を受けることにもなる。けれどもこの作品のおもな筋は、田の次、つまりお芳と、吉原の角海老のおいらん顔鳥とのおいたち、いわばその数奇な運命にある。そしてその運命の発端となったのは、慶応四年（一八六八）七月四日（旧暦五月十五日）の上野彰義隊の戦争で、彼女たちは上野の山から逃げてゆくとき二人ともいっしょに転んで、起きあがるときお互の赤んぼをまちがえてしまったことである。

サクラの名所

飛鳥山はサクラの名所としてずいぶん古い。「北区史」によれば「飛鳥山は大江戸の昔から上野、向島とともにならび称せられたサクラの名所、もと飛鳥明神の祠が鎮座していたためその称が起こったものである」

「飛鳥山が公園に編入されたのは、明治六年（一八七三）、太政官布告に基づいたものであるが、全山ゆるやかな芝生つづきのこうばいのうちに桜樹枝を交え、東方は数丈の断崖に臨んで（注・断がいの下は東北線と京浜線が通り、線路をへだてて王子駅のプラットホーム）見晴しよく、荒川をへだててはるかに筑波日光の諸山を指呼することができる」

「境域一万三千七百余坪、上野公園のサクラとともに春の行楽境として名高かった。ことに東京市内では絶対に許されない仮装なども、ここは郊外というので、大目にみられているので花信一度到れば満山ことごとく民衆的の園遊会場と化し、夜は数千の電灯を樹間に点綴して花見の興いよいよ加わった……」

飛鳥山がサクラの名所となったのは八代将軍の時代で、享保八年（一七二三）のころ吉宗が放鷹のついでに王子権現のほこらに参拝したところが、はからずもこの神社が、吉宗の出身地紀州から勧請したものとわかったので、非常によろこんで……この山を王子権現に寄進したのである。

当時の飛鳥山は現在では想像もつかないほどの荒れ山で、雑草おい茂って道とてもない状態だったが、吉宗はこの山を開いて桜樹数千株を植えつけさせた。これが現在サクラの名所となった起こりである。

飛鳥山と道をへだてて——日本橋から川口にいたる岩槻街道——石神井川の深淵のうえ

高く王子権現がある。大木にかこまれて自然の趣が深かったが、お宮も大木も戦災にあい、石神井川のうえにコンクリートの堂々たる橋（音無橋）がかかり、飛鳥山の都電ぞいの側は、おワン形に大きく削りとられて野球場になり、かつての王子の宿の入り口といった感じは、まったくなくなっている。

六　はとバス

ふだん着の観光

はとバスの「夜のお江戸」コースの車が、東京駅の北口から出発したのは、夕方の五時半ごろであった。薄暮のなかにわずかに日の色を見せていた、皇居の森のかなたの空はすでに見えなくなっていた。薄暮の出発、というのもなかなかいいものである。

バスは丸ビルの横からおほりばたに出ていく。案内嬢はマイクを片手に口のところへもっていって私たちの方に向いて立っている。

「この東京はごらん下さいますように四季おりおりの変化は申すまでもなく、昨日ありましたこともきょうすでになく、きょうあることもあすはなくなっているというように、たいへんうつり変わりの多い町でございます」

「このようにうつり変わりのはげしいおりから、昨日ならぬ百年以上も昔のお江戸風物をたずねますことは、なかなか容易ならぬこととは思いますが、こよいひとときを、はとバスを駆って庶民文化の花を咲かせたお江戸風物を、近代文明の織りなす夜の東京の姿のあいだから多少なりともしのんでまいりたいとぞんじます」

案内嬢の、ひかえめな、流れるような説明のテンポにのって、自分のからだも流れていくようである。

「近代的な丸の内ビル街をあとに、昔かわらぬ、コケむした石がきとマツのみどりもこまやかな江戸城にまいりました」

いまから五百数年まえ、太田道灌が築城したときから百三十年後徳川家康の入城、その大規模な増築・改修について、案内嬢はこんなふうに説明した。

――当時、武人の城郭に対する考えかたは、自己の生活の拡大、向上、理想実現への意欲のあらわれと見ておりましたようで、たんなる軍事的建築物というよりは、それぞれの時代をバックにした文化的意義の深いものだったようです、と。

これはもちろん、案内嬢の言葉をそのまま写しとったもので、武人の城郭に対する考えかたを、自己の生活の拡大・向上への意欲といった言葉で説明したのが印象的であった。

バスはお茶の水の駅まえに出る。江戸時代に将軍のお茶用としてお茶の水川の断崖にわき出ているしみずをつかったといわれる、その遺跡を記念して、駅前の交番のかどに、わき水をたたえた小さな泉水がつくられているのを、案内嬢は車のうえから指さして教えたが、車は止めなかった。このあたりをいつも通る人でも、このささやかな泉を知っているものは少ないのではないか。

お茶の水橋を渡り、右折して昌平坂をくだる。右がわにシイの大木にかこまれた湯島の聖堂（孔子廟）がある。

寛永七年（家光、一六三〇年）上野忍ケ岡に江戸幕府の最高学府として、林羅山の手により昌平黌が創建され、翌々年、孔子廟聖殿を造営、元禄三年（一六九〇）これらを湯島に移した。

〝光の洪水〟を走る

聖堂は大正十二年の大震災で焼失、現在のはそのご再建されたものである。シイの若葉のころなど、緑青《ろくしょう》の浮き出た屋根の色がシイの若葉にはえて、ひっそりした美しさが見られる。五代将軍綱吉がここで自ら四書を講じた時代に、元禄文学の繁栄をもたらした西の井原西鶴（元禄六年、一六九三年）と松尾芭蕉（元禄七年）が相ついで世を去っている。

観光バスは松住町から上野広小路の通りに出ていく。東京駅を出てからはじめて光の洪水、氾濫のなかにはいった。じっと前方を見ていると、光のなかに突入していく感じである。

広小路のすぐ先の左がわにある鈴本演芸場まえでバスを降りる。亀松が小うた模写というのをやっているところ。つぎがさん助の落語、おどろいたのはH・フォンタクトのワンマン・ショーというのである。彼はドイツ人で、大きなギターを、紋付き羽織にハカマのヒザのうえで手玉にとりながら、それを巧みにあいの手につかって漫談をやる。外国人独特の日本語で暗にお客を皮肉ったりしてさかんに笑わせる。なかなか日本の「下情」に通じているのと、ドイツ人的なウィットがミソである。

外に出てみると、バスの席が私と隣あっている人がもう先に出ていた。

「汽車はまにあいそうですか」

その人はちょっと考えて
「ええ」といった。

それはまにあうという意味の、ええ、でもなさそうであった。東京駅でみんながバスに乗りはじめたとき、この隣の人は、九時三十五分の博多ゆきにまにあうかと車掌にたずねた。

車掌はさすがに返事をするまえにクビをかしげた。

「まにあうかも知れませんが……」ちょっと間をおいて車掌はいった。「とにかく、お時間になりましたらお知らせいたします」

博多へ帰る人は、やはりこれから吉原の松葉屋まで行くつもりらしい。浜の人か、村の人か。ずんぐりとした首根っ子のあたりは、日に焼けきった厚いシワが寄っている。そこへこんどは、ふだん着のままのような、無造作な身なりの、五十年配の二人の奥さんと、白の帽子に白のレースのワンピースといった洋装の娘さんの、三人連れが出てきた。この娘さんは、二人の奥さんのどちらのお嬢さんでもないらしい。二人の奥さんのところへ行ってたずねた。

「失礼ですが、どちらから」

「いえ東京なんですよ」

もう一人の奥さんがいった。

「東京にいても、なにも知らないんですものね」

まったく「ふだん着のままの観光」といった感じである。間もなくバスは吉原の松葉屋へ――。

あとがき

本書は昭和三十六年四月から三十九年三月末まで読売新聞に連載（週一回）されたものの一部である。

たしかに一年の半分は歩いている。上野の広小路から出発して、団子坂、谷中、浅草、吉原、千住……と歩きつづけた。必要なところは何度でも歩いた。その土地が自分の馴染んだ土地になりきらなければ書けない。ところが場所は一回ごとに移動していくのである。

区がかわるたびに、まず区役所へ行って区史や必要な文献を拝借し、懇切な教示を受けた。この知識をもとにして、行く先々で何よりもその土地の故老や、古く住みついている街の人たちから、できるかぎり、その貴重な知識や見聞、経験、思い出などを話して頂いた。

また、たとえば八王子に住んでいる七十過のおばあさんは、自分の育った浅草の文章を読んで、観音さんがなつかしいといって手紙をくださった。中洲には自動車のナンバー二号の持主が住んでいたと書けば、ナンバー一号は日本橋の明治屋だと教えてくれた読者もあった。

ここにお世話になった方々および読者にあつく感謝すると共に、『谷中叢話』の著者会田範治先生、東京大学史料編纂所の松島栄一氏、読売新聞婦人部長羽中田氏、副部長志田氏、阿部氏にこころから御礼を申上げる。

昭和三十九年七月

著者

下町歩き、大正昭和の記憶と証言

解説
勝又浩

この『東京の散歩道　明治・大正のおもかげ』は、もと「読売新聞」の家庭欄に週一回、三年にわたって連載（昭和三六年四月～三九年三月）されたが、本としては三九年八月、「現代教養文庫」（社会思想社）として刊行された。そのとき渡辺誠撮影の、舞台となった街の当時のスナップ写真もたくさん収載された。これも一つの時代を記録する貴重な資料となったが、面白いのは、本文扉ページ裏に「遷都百年（一八六八―一九六七）を記念して」と一種のエピグラフが大きく記されていることだ。

一九六七＝昭和四二年は、前年制定された「建国記念の日」（二月一一日）が初めて施行された年だが、そのための政府主催の式典や行事などもあって、「明治百年」の掛け声が、それに反対する声とともにずいぶん賑やかだった。またこの年は、経済界では「いざなぎ景気」などということばも言われて、いわゆる高度経済成長の真っ盛り、そんな年でもあった。

こうした、いわば日本中が上昇気運にあったような、浮かれ気分の真っただ中にこの本は送り出されたが、それが今、改めて明治百五十年という掛け声があちらこちらで聞かれる平成三〇年に再度刊行されることとなった。こんな巡りあわせを思うと、この書物の持った何か運命のようなものでもあるのかと、余計な想像も浮かんでくる。と言っても、もとより窪川鶴次郎が建国記念日などを喜ぶはずもないから、先のエピグラフなどは出版社の付けたお遊びであったろう。著者の全くあずかり知らぬことであったろうが、では、この本が時代とは没交渉、そんな影を映していないかと言えば、決してそんなことはない、とも言っておかなければならないだろう。この本に濃い影を落としているのは、実は昭和三九年一〇月の東京オリンピックなのだ。

教養文庫版に付載されたグラビア写真に、湯島境内から町を眺めた一枚があるが、そこには、正面に写った松坂屋デパートに、屋上から吊り下げられた、四階分ほどぶち抜きの巨大なオリンピックポスターが貼りだされている。それを遠景にして、手前、境内の柵前にはこちらに背を向けた、つまり町を見下ろしている一組の男女と、その隣に背もたれのないベンチが写っている。この写真からさらに五〇年余たった平成三〇年の現在、間のビルが邪魔をしてこの場所から松坂屋は見えないし、このベンチも既に無い。

しかし、この本にも泉鏡花の小説『湯島詣』（明治三二年）のことが書かれているが、湯島境内のベンチといえばとくに『婦系図』（明治四〇年）、その新派劇版での「湯島の境内」の場面で大活躍する大道具だ。写真に写っているベンチは鏡花時代のそれではないにしても、湯島境内からの眺望やベンチという文学的トポスとしての記号はこの写真のなかにまだ残っているわけだ。鏡花の時代にはここから千葉の鴻の台（国府台）まで見えたとは私にも驚きだが、そうした背景もあって、渡辺誠は写真のなかにことさら一組の男女を取り込んだのであったろう。しかし、巨大なポスターが象徴しているように、この東京オリンピックによって日本は、とりわけ東京はこれらの景色を決定的に変えてしまったのだ。オリンピックに合わせて東海道新幹線や、羽田空港―浜松町間のモノレールを開通させたし、もちろんそれに接続する高速道路網が張りめぐらされて、あの日本橋さえ道路下にされてしまったのもこのときだった。

本書の「第四の歩道」の「山谷付近」の章には、東京湾の埋め立てによって職を失ったのは漁業者や海苔漁者だけではない、六〇軒ほどあった舟宿も仕事を追われることになって、我々も「見番」のような組織を作らなければならない、と言っている舟宿の主が登場する。開発の影響は隅田川を遡って、山谷堀にまで及んでいるわけだ。これは昭和三七年八月当時のことだと、本文には異例な注記があるが、高度経済成長による開発の波が、まさに津波のように街の姿を変えつつあるなかで、この「散歩」がなされ、景色が描かれたわけだ。確かめてはいないが、いま東京湾・隅田川の名物となっている屋形船は、この舟宿の人たちの生き延びた新時代の姿ではないだろうか。こんなふうにこの本は、その後急激に消えてしまった「明治・大正」の最後の「おもかげ」を際どいところで描き、伝え残してくれたのである。

＊

昨年、越谷市立図書館・野口冨士男文庫主宰の講演会でのこと、講師の森まゆみが本書を取り上げて、野口冨士男の『私のなかの東京』（昭和五三年）と対照しながら、有り難い、貴重な本だとして紹介した。もちろんこの二書のさらに向うには永井荷風の古典的な名著『日和下駄』（大正四年）があることは言うまでもない。全てはそこからの距離如何でもあるのだ。それで、会場で聞いていた私には思いがけない展開で、一本取られたような感じであった。しかし考えてみれば『鷗外の坂』（平成九年）以来、いやそれ以前、地域雑誌「谷中・根津・千駄木」を編集発行していた彼女がこの本を見逃すわけもないのだ。『東京の散歩道』は野口冨士男の『私のなかの東京』より一五年くらい前のことになるが、その一五年の間の加速度的な変貌の様も見えてくるわけだ。

ちなみに付け加えると、本書の「第一の歩道」の「上野公園にて」には、「自然主義文学の時代が主として神楽坂あたりにつながっていたように、芥川、菊池（寛）らの時代は上野あたりへ移ってきたことが想像される。昭和にはいってからは銀座が舞台となったように」という一節がある。確かにそういう見方もあって、芥川龍之介や室生犀星らが住んだというので今は記念館などもできている田端文士村という呼び方がある。同じように、萩原朔太郎や宇野千代、川端康成が一時住んだ大田区大森の馬込文士村がある。こうした呼び方がだんだん広がって、昭和初年代、十年代には、井伏鱒二や青柳瑞穂のいた荻窪・阿佐ヶ谷界隈、戦中戦後には久米正雄や高見順がいた鎌倉文士が流行だった時代もあった。

しかし、この後はもっぱら渋谷、新宿、池袋へと、文学は作家の居住地よりも話題になる風俗や舞台としての土地に関心が移ってゆく。アメリカ人の日本文学研究者サイデンステッカーが、「東京の中心部は時代とともに西へ移っている」（『流れゆく日々』）と指摘しているが、東京の下町を好んで、本郷あたりにも長く住んだ彼らしい観察である。今は都庁まで新宿に移ってしまったが、単に行政上の中心地だけでなく、文学作品の舞台の地としても主流は西に移っているらしい。

そうした移り行きのなかで、窪川鶴次郎たち、主に雑誌「驢馬」の仲間たちは東京の東側、近代の文学的トポスとしては最も古い上野、浅草、本郷、根津、谷中界隈の文学的環境に浸ったばかりではない、自らも加わった最後の世代だったかもしれない。

もう一つ付け加えると、この著者には『新浅草物語』（昭和二四年）なる長編小説があって、それによれば、彼が故郷静岡から初めて上京、浅草を歩いたのは大正九年、一七歳のときだったとしている。兄の中学校受験のための上京にお供をして、当時麴町に住んでいた大叔母の家に泊まった。そこを陣地としての東京見物で、真先に出かけたのが浅草だったというわけだ。それで大正一二年の関東大震災で倒壊する前の金龍館を見ていたことを自慢の一つにしている。念のため補足しておけば、大正九年当時、新宿、渋谷はまだ大方が原っぱ、モボ・モガで有名になる銀座は昭和になってからのこと。お上りさんが東京で見物するところと言えば浅草と決まっていたのである。

窪川鶴次郎自身は翌年、医学を志して金沢の第四高等学校理科に進学するから、関東大震災に直接は遭わないですんだ。四高では短歌に熱中し、その関係で文科の中野重治とも親しくなる。しかし、文学に目覚めたことによって医学は放棄、そのために、医者になることが前提で学費を出してくれていた養家と断絶することになり、大正一三年、四高を中退、自活のために上京して四谷の貯金局に勤めるようになる。上京してからは中野重治を介して知った、田端に住む室生犀星をしばしば訪ね、また犀星の紹介で本郷の徳田秋声を訪ねるようになった。根津、田端あたりに部屋借りしていたこの頃、窪川鶴次郎は小説家志望だった。そうしたところへ、二年遅れて帝大独文科の学生となって上京した中野重治らとの交遊が再開し、この交遊のなかから、犀星の後押しによって同人雑誌「驢馬」（大正一五年四月〜昭和三年五月）が生まれた。

『新浅草物語』は主にこの時代を描いた小説だが、それはまた彼の恋愛時代でもあって、佐多稲子との出会いから結婚、そして主人公が文学も捨てて左翼運動へ飛び込んで行くまでを描いている。この「驢馬」時代のことは佐多稲子もさまざまな形で書いているが、とくに、本書『東京の散歩道』にもたびたび引用されている佐多稲子の名作『私の東京地図』（昭和二四年）との対照が面白い。『東京の散歩道』は、一面では小説『私の東京地図』を意識した、文学散歩版「私の東京地図」でもあるからだ。

この本の冒頭、「第一の歩道」の「秋声の屋敷」の初めに、「以下、秋声の教えを青年時代の一時期に受けたことのある、私の語るところをつたえることにする」という、ちょっと奇妙な表現があるのに気付いた方もあるだろうか。「私の語るところをつたえる」とは、「私」がいま書いている人物とは別人であるかのような語り方であるが、もちろんこの「私」は窪川鶴次郎以外ではあり得ない。わざわざ「語る」とか「つたえ」るなどと書くべきところではないが、実はこの本の全体、新聞の初出時は無署名の記事として、ほとんど主語を消した文章として書かれていたから、その痕跡がこんなところに残ったものと思われる。以下、書かれているエピソード自体は、秋声の仕事場を訪ねたとき、風邪だという山田順子が床に就いていて、その艶冶な姿態に驚くという場面である。『新浅草物語』にも描かれている印象強い場面であるが、こんなところも本書が自ずから文学散歩の枠を突き破ってしまった体験的、証言的、小説的、特異な魅力を見せている例の一つである。

＊

著者について少し補足しておこう。窪川鶴次郎は文学史のうえでは文芸評論家とされる人である。前述のように中野重治、堀辰雄らと「驢馬」を創刊したが、その末期にはプロレタリア文学運動から実践運動に走り、非合法運動にも加わった。しかし、困窮生活のなかで結核を発症、何度かの拘留生活のなかで転向することになる。その獄中体験が小説『風雲』（昭和九年）として残されている。以後、実践運動からは離れ、初志である文学に戻るが、その頃はまたプロレタリア文学運動の書き手が次々に拘束された「暗い谷間」の時代であった。そうしたなかで機関誌「ナップ」の編集責任者を務めるなど、批評家として健闘する。昭和一四年に『現代文学論』をまとめるが、これと『再説 現代文学論』（昭和一九年）の二冊が昭和十年代の彼の批評家としての仕事を代表する。それはまたこの書の長所も短所も併せて、この時代の左翼陣営の批評をも代表する結果となっている。

その間、佐多稲子の小説『くれなゐ』（昭和一三年）や『灰色の午後』（昭和三五年）に描かれたような女性問題を起こし、昭和二〇年、ついに離婚に至る。前記の『新浅草物語』にはその序章部分に再婚した新しい夫人も登場するが、前述のように小説の中心は佐多稲子との結婚生活と、そこから左翼運動に走るまでの時代である。戦後は次第に執筆活動から離れ、日本大学の教員として教育に専念するが、文学活動としては「現代短歌大系」（河出書房）の編集に関わり、万葉集にまで遡った短歌研究に没頭するようになる。そうしたなかから『短歌論』（昭和二五年）、『石川啄木』（昭和二九年）などを残した。昭和四九年六月、七一歳で亡くなるが、その一年前の四八年七月、小田切秀雄編集になる『昭和十年代文学の立場』（窪川鶴次郎一巻本選集、河出書房新社）が刊行された。この書に付された「窪川鶴次郎著作目録兼略年譜」が、今のところ最も詳細な生涯資料である。

本書は、『東京の散歩道　明治・大正のおもかげ』（一九六四年八月、社会思想社「現代教養文庫」刊）を底本として、明らかな誤りは正し、多少ルビを調整しました。また底本中の表現で、今日から見れば不適切と思われるものもありますが、作品の時代背景、文学的価値等を考え、著者が故人でもあるためそのままとしました。よろしくご理解のほどお願いいたします。

東京《とうきょう》の散《さん》歩《ぽ》道《みち》
窪川《くぼかわ》鶴《つる》次郎《じろう》

二〇一八年八月一〇日第一刷発行

発行者——渡瀬昌彦
発行所——株式会社　講談社
東京都文京区音羽2・12・21　〒112-8001
電話　編集（03）5395・3513
　　　販売（03）5395・5817
　　　業務（03）5395・3615

デザイン—菊地信義
印刷——豊国印刷株式会社
製本——株式会社国宝社
本文データ制作—講談社デジタル製作

定価はカバーに表示してあります。

講談社
文芸文庫

ISBN978-4-06-512647-9

講談社文芸文庫

木山捷平―新編 日本の旅あちこち　岡崎武志―解
木山捷平―酔いざめ日記
木山捷平―[ワイド版]長春五馬路　蜂飼 耳―解／編集部―年
清岡卓行―アカシヤの大連　宇佐美 斉―解／馬渡憲三郎-案
久坂葉子―幾度目かの最期 久坂葉子作品集　久坂部 羊―解／久米 勲―年
草野心平―口福無限　平松洋子―解／編集部―年
窪川鶴次郎-東京の散歩道　勝又 浩―解
倉橋由美子-スミヤキストQの冒険　川村 湊―解／保昌正夫―案
倉橋由美子-蛇|愛の陰画　小池真理子-解／古屋美登里-年
黒井千次―群棲　高橋英夫―解／曾根博義―案
黒井千次―たまらん坂 武蔵野短篇集　辻井 喬―解／篠崎美生子-年
黒井千次―一日 夢の柵　三浦雅士―解／篠崎美生子-年
黒井千次選-「内向の世代」初期作品アンソロジー
黒島伝治―橇|豚群　勝又 浩―人／戎居士郎―年
群像編集部編-群像短篇名作選 1946～1969
群像編集部編-群像短篇名作選 1970～1999
群像編集部編-群像短篇名作選 2000～2014
幸田文―ちぎれ雲　中沢けい―人／藤本寿彦―年
幸田文―番茶菓子　勝又 浩―人／藤本寿彦―年
幸田文―包む　荒川洋治―人／藤本寿彦―年
幸田文―草の花　池内 紀―人／藤本寿彦―年
幸田文―駅|栗いくつ　鈴村和成―解／藤本寿彦―年
幸田文―猿のこしかけ　小林裕子―解／藤本寿彦―年
幸田文―回転どあ|東京と大阪と　藤本寿彦―解／藤本寿彦―年
幸田文―さざなみの日記　村松友視―解／藤本寿彦―年
幸田文―黒い裾　出久根達郎-解／藤本寿彦―年
幸田文―北愁　群 ようこ―解／藤本寿彦―年
幸田露伴―運命|幽情記　川村二郎―解／登尾 豊―案
幸田露伴―芭蕉入門　小澤 實―解
幸田露伴―蒲生氏郷|武田信玄|今川義元　西川貴子―解／藤本寿彦―年
講談社編―東京オリンピック 文学者の見た世紀の祭典　高橋源一郎-解
講談社文芸文庫編-第三の新人名作選　富岡幸一郎-解
講談社文芸文庫編-個人全集月報集 安岡章太郎全集・吉行淳之介全集・庄野潤三全集
講談社文芸文庫編-昭和戦前傑作落語選集　柳家権太楼-解

▶解=解説 案=作家案内 人=人と作品 年=年譜を示す。 2018年8月現在

講談社文芸文庫

講談社文芸文庫

安岡章太郎
僕の昭和史
大正天皇崩御と御大葬の記憶から始まる「僕」の昭和史――私的な体験を語り続けることを通して激動の時代の本質を捉え直した記念碑的大作。野間文芸賞受賞作。
解説＝加藤典洋　年譜＝鳥居邦朗
やA11
978-4-06-512675-2

窪川鶴次郎
東京の散歩道
昭和の変貌していく街並みの背後に静かにたたずむ遺構や、文豪ゆかりの地、作品の舞台を訪ねて明治・大正の面影を浮かび上がらせた、街歩きのための絶好の案内書。
解説＝勝又　浩
くL1
978-4-06-512647-9